農水省 EXPERT

米

肉

魚

野菜

きのこ

りんご

チーズ

お茶

ワイン

砂糖

番外編

農林水産省
職員直伝
「食材」のトリセツ

日本の「食材」の魅力を知り尽くした〝プロの美味しい知恵〟が集結！

全国津々浦々の食材の魅力をとことん知り尽くした、食のプロ集団でもある農林水産省の職員の皆さん。日本の農林水産物の魅力を発信する話題のYouTubeチャンネル「BUZZ MAFF」に出演の方をはじめ、米、肉、魚、野菜……など、省内でも話題の各ジャンルのエキスパートを徹底取材して、この本が生まれました。

生産者のひたむきな努力や軌跡など、現場を知っているからこそ「食材にはストーリー

があるんですよ」と、ありとあらゆる角度から「食材」についての役立つ知恵やうんちくを、一心不乱に語ってくださいました。その中でも目からウロコの情報をまとめました。

より美味しく米を炊く工夫や、魚をお得に食べる方法、野菜の旨味の引き出し方や、スーパーで見極める際のポイント。意外と知られていない買い物や調理、食べ方のコツも一挙紹介します。

とことん食材を研究した人だけが知っている知恵を集めた、新しいタイプの取扱説明書（トリセツ）です。

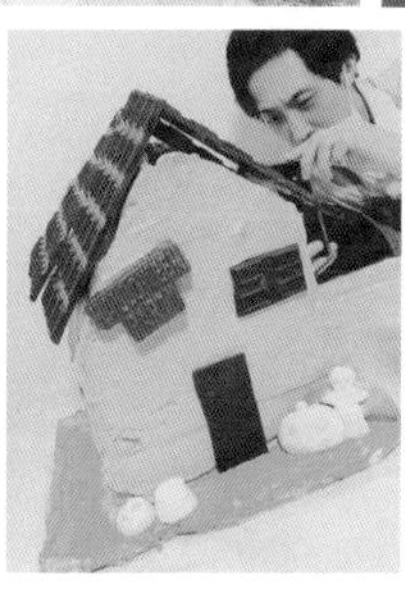

目次

米に恋して、
週末農業&レシピ
研究に夢中です！

現在
育休中

九州野菜の
美味しさを
知って欲しい!

365日、きのこを食べない日はありません!

奥深いりんごの世界に魅了され続けています!

農水省職員 | FILE #013
柳澤洋喜さん

家庭料理に合う日本ワイン

お酒に弱い私も
思わずハマる、
ワインの底力!

砂糖は生活を
豊かにして
くれますよ!

農水省職員 | FILE #014
髙橋諒さん

砂糖を食べてもダイエットは可能

知れば知るほど
美味しくなる、
役立つ知恵の
オンパレード!
START

※本書の記載の内容はあくまでも個人の見解です。2021年3月時点での情報のため、価格や仕様、営業時間の変更、販売終了などの場合があります。

農水省職員｜FILE #001

料理で米を選ぶ時代

2000年入省。霞が関初の官僚系YouTubeチャンネル「BUZZ MAFF」の担当者。過去に地方農政局などで米政策、食育政策に携わった経験から、プライベートで米作りも開始。年間消費量は約100kgにものぼる。フードアナリストや野菜ソムリエの資格を取得し、週末農業の様子や米料理レシピをブログで発信。日経ビジネス電子版で「作り手とレシピから知る『日本の食』」を連載中。

松本純子さん
（愛媛県出身／広報評価課所属）

自他共に認める米に恋した女です!

米愛レポート

秋にはこんな立派な稲穂を収穫。乾燥&脱穀したら、玄米にして保存。食べるのが楽しみ！

春先には手作業で田植え。翌日は腰が痛くなること必至だけど、最高に楽しい！

米作りを始めて6年。週末限定の農業サークル「NINO FARM」でも、20名ほどの仲間と米を作っています。

消費量は減る一方だけど美味しさは進化中！

「米」は主食でありながら、日本における米の消費量は年々減り、現在では（一人あたり）54kgほど。ピークの昭和40年頃の半分にも満たないんです。その一方で、米の美味しさは驚くほど進化！　日本穀物検定協会では毎年、米の食味ランキングを発表していますが、基準米よりもさらに良好な「特A」の品種は年々増え、現在は50銘柄を超えています。今や、米は料理とのペアリングを楽しむ時代。私は米を常時5種類以上はストックし、料理に合わせてベストライスを堪能しています。日本の米の魅力を改めて知っていただけると嬉しいです！

私が出会った達人

藤本農園
藤本聡さん

藤本さんは広島県庄原市東城町の棚田で、無農薬・循環型のアイガモ農法を採用した米作りをしています。藤本さんが自身の米で作ってくれる塩むすびは絶品！

米のトリセツ

001

「米は用途に合わせてセレクトする」

おすすめ3種

いちほまれ × 上品な漬物

「コシヒカリ発祥の地・福井県発の米。雑味がなく、クリーンな味わいなので、それを引き立てる千枚漬けなどの上品な漬物が合います」福井県産 いちほまれ（5kg）3,600円（税込）

ゆめぴりか × 弁当

「粘りが強く、もっちり食感。冷めても美味しいため、弁当に最適。米の余計な水分を吸収する曲げわっぱを使うのがおすすめ」特別栽培米 北海道空知産 ゆめぴりか（5kg）3,650円（税込）

新之助 × おにぎり

「コシヒカリとは違う美味しさを求め、新潟県が8年の歳月をかけて開発。粒が大きく食べ応えがあり、おにぎりに最適です。コクと甘味も◎」新潟県産 新之助（5kg）3,900円（税込）

【小池精米店】㊟東京都渋谷区神宮前6-14-17 ☎03-3400-6723 ㊎8:00～18:00（配達時間9:30～17:00）㊡日曜、祝日、第2・第4・第5土曜、お盆、年末年始 http://www.komeya.biz/

Ministry of Agriculture, Forestry and Fisheries

米のトリセツ

002

「米は炊く水よりも最初に触れる水が肝心」

軟水のミネラルウォーターや浄水を使うことで美味しさ上昇

水道水で米をといで、炊飯時にだけミネラルウォーターを使うという方が案外多くいますが、実は反対。米は最初に触れた水を多く吸水する性質があるため、少なくとも初めの一回だけは不純物が少ない、良質な水を使ったほうが確実に美味しく炊けるのです。冷えた軟水のミネラルウォーターや浄水などで試してみてください。

炊飯時の3つのポイント

①

水を張ったボウルに米を一気に入れる

米は水を吸うので、米に水を少しずつ注ぐより、ボウルに張った水の中に米をざっと入れて。このときは良質な水を使いましょう。

②

クルクルと優しく混ぜる

手で8～10回、優しく混ぜたら、水を捨てます。最近は精米技術が向上し、米ぬかがほぼ残っていないので、混ぜるだけで十分。

③

濁りが薄くなれば、すすぎは完了！

②を2～3回繰り返します。水が透明になるまで行う必要はなく、うっすら濁りが残る程度で問題なし。その後、釜や鍋で炊飯を。

鍋で炊飯するメリット

【南部鉄器】

熱伝導がよく、早く炊き上がる

岩手県の「及源鋳造」のごはん釜。熱伝導のよさ、炊き上がりの速さに加え、シンプル&程よいサイズ、ふきこぼれ防止構造が◎。

蓋の密閉度が高く、水分を逃さない！

密閉度が高く、みずみずしいごはんが炊けます。直径14㎝のココットタイプは1合炊きができ、食卓にそのまま出せるのもGOOD。

遠赤外線効果で熱を柔らかく伝える

伊賀焼の土鍋は熱をすぐに通さず、一度蓄熱する性質が。じっくりかつしっかりと米に熱が伝わるので、ふっくら仕上がります。

Ministry of Agriculture, Forestry and Fisheries

米のトリセツ

003

「米は１カ月で食べ切れる量を買うのがコツ」

大家族でもないのに、米を10kg、20kg単位で購入してストックし、なかなか食べ切れないという方はいませんか？　米は精米したてほど新鮮で美味しいため、１カ月以内に食べ切れる量を購入するのが理想。ひとり暮らし、ふたり暮らしなら、2kg入りのものをこまめに買うほうがおすすめ。購入時は精米月日が近いものを選びましょう。

正しい米の保存方法

温度・湿度が低く、直射日光が当たらない冷蔵庫へ

温度が10℃以下なら、米が酸化するスピードを遅らせることが可能。そのため、専用の保管容器やペットボトルに入れ、冷蔵庫に入れるのがベストです。虫も寄せ付けません。

こんなお役立ちアイテムも！

天然唐辛子パワーで米を守る、米びつ用防虫剤。米唐番（5kgタイプ）437円（税込）／エステー　https://products.st-c.co.jp/

これ1個で米の移し替え、保存、計量の3役！米びつろうと（グリーン）880円（税込）／曙産業　https://www.akebono-sa.co.jp/

冷蔵庫のドアポケットに収納可。計量カップ付き。ライスポケット（2kg用）750円（税込）／タケヤ化学工業　http://www.proo.co.jp

Ministry of Agriculture, Forestry and Fisheries

米のトリセツ

004

「“米＝太る”は大間違い!」

米自体が太る原因ではない!
バランスや食べ方が重要

米を抜きすぎると、筋肉や脳に栄養が行き届かなくなる恐れが。そもそも、米は甘いパンなどに比べ、血糖値の上昇がゆるやかで、太りにくいのです。炭水化物・タンパク質・脂質がバランスよく摂れる一汁三菜にする、でんぷんが体内に留まりにくいように常温で食べるなどを意識すれば、さらに太りにくくなります。

米粉の進化が止まりません!

米粉の普及は米消費拡大の取り組みの一環

最近では、粉砕装置の発達により、粒子が細かく、でんぷんの損傷も少ない米粉を作ることが可能になりました。パンやケーキ、揚げ物など、さまざまなメニューに利用できますが、味も食感もよく、しかも小麦粉よりも油の吸収が少ないため、ヘルシーなのも魅力。

人気の米粉商品をピックアップ!

きめ細やかな粒子は繊細なケーキにも最適

新潟県産の米を使った超微粒の米粉は、ダマになりにくいのが特徴。アレンジ次第でしっとり、もっちりとした食感が楽しめます。米の粉（280ｇ）237円（税込）／共立食品 https://www.kyoritsu-foods.co.jp/

天ぷらなどの揚げ物がサクッと仕上がる!

国産米100％の料理用米粉。揚げ物がサクッと仕上がります。クッキーやシフォンケーキなどのお菓子作りにもおすすめ。お米の粉 お料理自慢の薄力粉（450ｇ）324円（税込）／波里 https://www.namisato.co.jp/

ソースやシチューのとろみづけにも活躍

熊本県産米を独自製法で微粉末に加工。からあげやチヂミ、ホワイトソースなどの料理からケーキ・クッキーなどのお菓子まで使えます。熊本製粉の新・米粉（300g）216円（税込）／熊本製粉 https://www.bears-k.co.jp/

Ministry of Agriculture,Forestry and Fisheries

米のトリセツ

005

「いい雑穀は水に沈む」

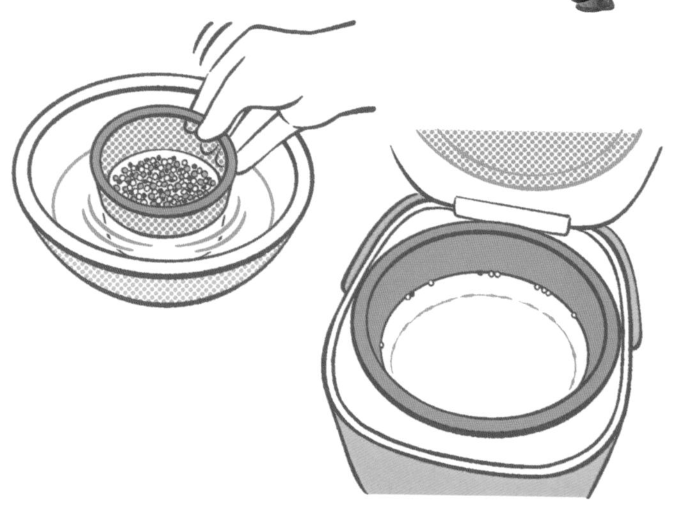

逆に水に浮く雑穀は古く、食感が悪い可能性大

健康や美容にいいからと、ヒエやアワなどが入った雑穀米を買うも、長期間放置しているという方が多いのでは？　雑穀米を美味しく食べるためのポイントは、炊飯前に水で洗うときに浮いた雑穀を取り除くこと。浮く雑穀は乾燥し古くなっている可能性があるので、取り除くことで、炊き上がりの食感がよく、美味しくなります。

Ministry of Agriculture,Forestry and Fisheries

米のトリセツ

006

「米を食べた豚肉は美味しい」

**脂肪は白く、溶けやすい!
さらに旨味もたっぷり**

日本人の米の消費量が減少する今、注目される米の活用法が家畜の飼料用途。米を与えて育てる豚は「米豚」と呼ばれます。米を飼料に配合することで、脂肪の融点が下がり、口どけがよくなるのが特徴。茨城の「ひたち米豚」はなんと飼料の50%以上が米！　そのおかげで、オレイン酸が豊富で、旨味の強い豚肉になるのです。

Ministry of Agriculture,Forestry and Fisheries

米のトリセツ

007

「余ったごはんは寝かせず即冷凍庫へ」

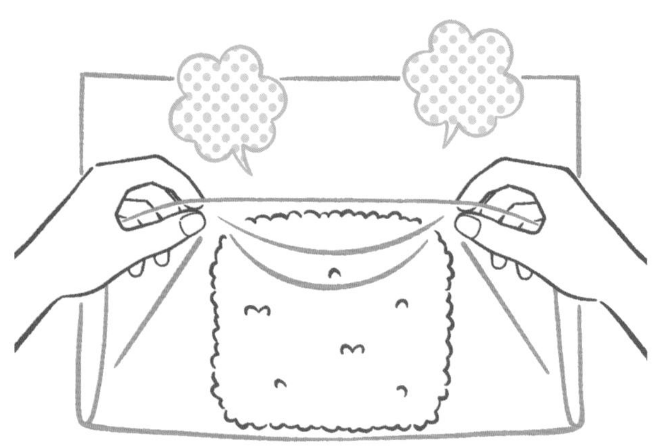

ラップで薄く四角形に包み、粗熱を取って急速冷凍を

冷凍すると、味が損なわれるというのは勘違い。炊き立てをすぐ冷凍すれば、美味しさも風味もキープできます。ラップ保存の場合はおにぎりのように丸めず、一膳分のごはんを四角形に整え、均一に薄くして包み、粗熱を取って冷凍を。これで、冷凍のムラを解消、冷凍庫にストックもしやすく、電子レンジで温めるときも時短に。

簡単&絶品米レシピ

丸ごとトマトごはん

材料（4人分）
米…2合
トマト（大）…1個
オリーブオイル…大さじ1/2
酒…大さじ1
塩…小さじ1
こしょう…適量
黒こしょう…適量

Point
炊飯器や鍋で簡単に作れて、ピラフのように味わい深い。出汁やコンソメを入れなくても、トマトから出る旨味でとても美味しいですよ。

作り方
《炊飯器の場合》
1. 米を洗って炊飯釜に入れ、2合の目盛りの少し下まで水（分量外）を入れる。
2. オリーブオイル、酒、塩、こしょうも1に入れ、さっと混ぜる。
3. トマトはヘタを包丁でくるっと取り除いて、裏に十字の切り込みを入れる。
4. 炊飯釜の中央に十字を上にした3を入れ、通常モードで炊く。
5. 器によそい、黒こしょうをかけて完成。

《鍋の場合》
1. 米を洗って鍋に入れ、米と同じ量の2合（360ml）の水（分量外）を入れる。
2. オリーブオイル、酒、塩、こしょうも1に入れ、さっと混ぜる。
3. トマトはヘタを包丁でくるっと取り除いて、裏に十字の切り込みを入れる。
4. 鍋の中央に十字を上にした3を入れ、中火で約5分炊き、その後、弱火で約13分炊く。その後、約10分蒸らす。
5. 器によそい、黒こしょうをかけて完成。

とうもろこしごはん

材料（4人分）
米…2合
とうもろこし（皮をむいたもの）…1本
＊大きいものなら、2/3本でもOK。
塩…小さじ1
酒…大さじ1/2
こしょう…適量
黒こしょう…適量

作り方
《炊飯器の場合》
1. とうもろこしを横半分に切り、包丁で実をそぐように芯からはずす。
2. 米は洗って炊飯釜に入れ、2合目まで水（分量外）を入れて浸水させておく。
3. 2に1（実・芯ともに）、酒、塩、こしょうを入れ、通常モードで炊く。ちなみに芯も入れて炊くと、ほんのり甘いよいだしが出る。
4. 器によそい、黒こしょうをふって完成。

《鍋の場合》
1. とうもろこしを横半分に切り、包丁で実をそぐように芯からはずす。
2. 米は洗って鍋に入れ、米と同じ量の水（分量外）を入れ、1（実・芯ともに）、酒、塩、こしょうも入れてさっと混ぜる。
3. 中火にかけて沸騰したら、少し混ぜ、蓋をして約13分炊く。その後、約10分蒸らす。
4. 器によそい、黒こしょうをふって完成。

Point
毎年、とうもろこしが旬の夏に作るメニュー。とうもろこしの甘さとほんのり感じる塩気、黒こしょうのパンチの三重奏がたまりません！

KOME Column #001

米作りには四季折々の喜びがあります！

米好きが高じて、昔ながらの米作りに取り組んでいる松本さん。米作りの年間スケジュールを、喜びポイントと一緒に見せてもらいました。

週末農業のススメ

NINO FARM

毎年20名ほどのメンバーで米作り

「NI（日本の）NO（農業を）考えるFARM」から名付けた「NINO FARM」。米作りや農作業を通じ、「食」の向こう側にある「農」の喜びや苦労と向き合い、食と農の距離を縮めるなどを目的に活動中です。

3月 苗作りと土作り

米作りは種もみ選びから開始！　よく実った重い種もみを選び、苗床に植えて苗作りを。田んぼの土は乾燥＆肥料を与えて。

喜び！

肥料はなるべく遠くへ、放射状にまいていきます。終わったときは達成感大。

4月 代掻（しろか）き

代掻きは田んぼに水を入れ、土を砕いて空気を送り込みながら均平にしていく作業。田植えの前に行う重要な準備です。

喜び！

肩を組み、「1、2、3、4！」と足で耕せば、地元の方々とも仲良く！

7月 分（ぶん）けつ、水の管理

稲が株分かれをして本数が増える「分けつ」が終わったら、田んぼの水を全部抜いて土を乾燥させ、土の中に空気を入れて。

喜び！

スズメ除けのユニークなかかしがお目見えし、棚田が一気に賑やかに！

9月 稲刈り、はぜ掛け

稲が黄金色に変わり、実がぎっしりつまった穂が垂れ下がってきたら、刈り取りのサイン。稲刈りは最も楽しい作業です！

喜び！

稲刈り後にみんなで食べる食事は最高！　この日はカレーを食べました。

米作りも食すことも全力で楽しむ

千葉県鴨川市の大山千枚田や埼玉県秩父市の寺坂棚田などで、昔ながらの米作りに参加している「NINO FARM」。活動は毎月1回、田植えから草刈り、稲刈りや脱穀まで、すべての行程を行い、米ができるまでの苦労や喜びを体感しています。手間暇かけて育て、収穫した米をごはんのおともと皆さんにふるまう「ライスパーティー」という名の収穫祭も開催。黒米のときはドレスコードもブラックにし、「ブラックライスパーティー」を開催しました。今後もワクワクするような新しい米の世界をシェアしていきたいです。

5月 田植え

数本の苗を1株にし、株と株の間を20～30cm空けて、植えていきます。私たちは機械を使わず、昔ながらの手作業です。

喜び！

田んぼのあぜ道にシロツメクサがたくさん咲き、それを見るのも癒やし。

6～8月 草刈り

田んぼの水や養分を奪ったり、稲の穂を食べる虫の住処になる雑草。米の大敵なので、大変ですが、頑張って作業します。

喜び！

許可をとり、ドローンで棚田を空撮！　こんなチャレンジも喜びのひとつ。

9～10月 乾燥

収穫された籾（もみ）には平均25％程度の水分が含まれているので、乾燥機に入れて乾燥。でも、私たちは天日干しにこだわります。

喜び！

みんなで、はぜ掛け用の束を縛る藁（わら）を編む作業。器用な人は作業が早い！

9～10月 脱穀・籾摺り（もみすり）

いよいよ、乾燥した稲を脱穀をして玄米に。手作業で行う場合は、籾摺りと呼ばれます。私たちは籾（もみ）機を使って脱穀を。

喜び！

この時期は棚田周辺に咲く彼岸花がキレイ！　作業の疲れが吹き飛びます♪

KOME Column #002

米マニアがおすすめするごはんのおとも10選

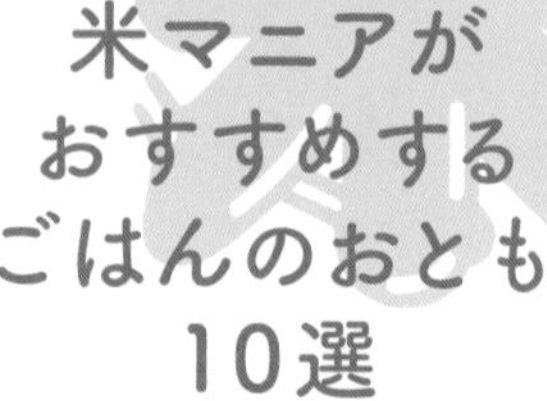

「ごはんにこれさえあれば幸せ！」な商品をセレクトしました！ 伝統ある渋めのものから斬新なものまで、幅広いラインナップです。

無類の米好きである松本さんが自信を持って太鼓判を押す、ごはんのおともをご紹介。美味しすぎて、ごはんのおかわり必至です！

【 氷魚醤油煮 】
奥村佃煮

氷のように透き通った鮎の稚魚を山椒香る醤油煮に。もっちり弾力ある食感も魅力。「ごはんが消滅するほど、美味しすぎるごはんのおともです！」100g 864円(税込)／奥村佃煮 https://okumura-tsukudani.com/

【 海の精 あらしお 】
海の精

伊豆大島で日本伝統の製塩法で製造。ほのかな甘味や旨味、コク、切れも感じられます。「この塩を手につけて握ったおにぎりは、何個でも食べられる美味しさ！」240g 648円(税込)／海の精 https://www.uminosei.com/

【 鹿島第一壱〇2 】
ぬま田海苔

有明海の初摘み海苔ならではの口どけのよさに、ほうじ茶のような芳醇な味わい。「炊き立てごはんをこちらで巻き、醤油をつけずに食べるのが大好きです」全型10枚入り 2,160円(税込)／ぬま田海苔 https://numatanori.com/

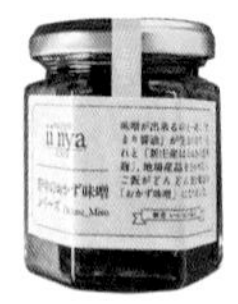

【 ふきのとう味噌 野中のおかず味噌シリーズ 】
Shinjo ii-nya FOOD

ふきのとうをたまり醤油&新庄産米・はえぬきの玄米麹と合わせて。「苦味よりも、コクや深みを感じます。パッケージもおしゃれ！」100g 405円(税込)／たねるや https://www.mogami-bussan.com/

【 山うにとうふ オリジナル 】

五木屋本舗

川辺川の伏流水と九州産大豆・ふくゆたかで作った豆腐を、秘伝のもろみ味噌に漬け込んだ逸品。「うにのような食感！　焼きおにぎりに塗っても◎」100g　648円(税込)／五木屋本舗　https://itsukiyahonpo.co.jp/

【 鶴醤(つるびしお) 】

ヤマロク醤油

約2年の熟成期間を経て完成した生醤油を桶に戻し、再び2年ほど仕込む二度仕込み製造。「芳醇な味と香りは、卵かけごはんに最高に合います！」500ml　1,296円(税込)／ヤマロク醤油　http://yama-roku.net/

【 有機納豆　いっ歩（大粒） 】

下仁田納豆

有機の国産大粒大豆を納豆に最適な柔らかさに蒸しあげ、炭火発酵で芯までふっくら。「経木(きょうぎ)に包むことで、ほのかな松の香りも感じられます」80g　324円(税込)／下仁田納豆 https://www.shimonita-natto.jp/

【 あごだし梅 】

AKOMEYA TOKYO

鹿児島県産のあごだしに漬け込んだ紀州南高梅。「職場に持参する手作り弁当に高頻度でIN。あごだしのおかげで、柔らかな味わい」70g　648円(税込)／AKOMEYA TOKYO https://www.akomeya.jp/

【 のせのせバターカレー 】

三井ヘルプ

バターとカレーが絶妙にマッチ。「のせるだけで、ごはんがドライカレーに変身。バターの豊かな風味がスパイシーなカレーをまろやかにしています」100g　511円(税込)／三井ヘルプ　https://www.ya-con.com/

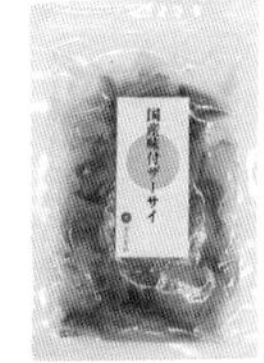

【 国産味付ザーサイ 】

遠忠食品

国内で栽培加工された希少な国産ザーサイ。化学調味料、保存料、着色料不使用。「ザーサイってこんなに美味しいの？と感動。チャーハンの具などにも」100g　530円(税込)／遠忠食品　https://enchu.shop-pro.jp/

KOME Column #003

棚田米には日本の素晴らしさがつまっています!

日本の原風景ともいえる美しい棚田と、そこで作られる旨味たっぷりの棚田米。日本人なら知っておきたい棚田米の魅力をプロに直撃しました。

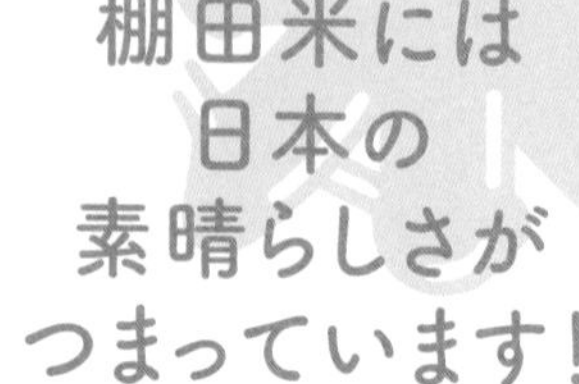

教えてくれたのは…

農水省職員｜FILE #002

棚田女子プロジェクト　松尾真奈さん

（京都府出身／農林水産技術会議事務局 研究推進課所属）

2013年入省。省内の有志の女性職員たちで2018年に結成した「棚田女子プロジェクト」の一員。棚田の潜在価値を引き出し、新たな経済的価値を地域に取り込めるよう、現地調査や棚田地域関係者との意見交換などを行う。

長野県伊那市の棚田では、草刈りの手伝いを。棚田農家さんと記念写真を撮りました。高知県梼原町の棚田は、棚田オーナー制度の発祥の地。千葉県鴨川市の里山にある釜沼棚田は都内から行きやすい！　コンパクトかつ周囲から隔離された地形で、別世界を訪れた気分を味わえます。その近くにある大山千枚田は棚田100選にも選ばれた絶景。デートスポットとしても人気。

美しい・美味しいに加え、洪水予防などの役割も

日本には約250万ヘクタールの田んぼがありますが、棚田はその中の10%ほど。近年、過疎化や高齢化による耕作放棄などにより、棚田の存続が危うくなっています。そもそも、棚田とは山の斜面や谷間の傾斜地（傾斜20分の1以上）に階段状に作られた水田のこと。棚田は「日本のピラミッド」といわれるほど、伝統・文化の他にも、美しい景観や教育、国土保全といった多面的機能を持っています。ちなみに棚田は雨水を一時的に貯めるダムとしての役割も。雨水を下流にゆっくりと流し、洪水を防いでくれるのです。

棚田で作った米はミネラル豊富な山水と寒暖差によって旨味いっぱい。食べてみたい方は棚田米を取り扱っている道の駅や精米店で購入するといいでしょう。田植えや稲刈り体験もご希望の場合は、年会費約3～5万円で参加できる棚田オーナー制度を検討してみてください。

5つのポイント

01 ミネラルたっぷりの水を田んぼに使用できる

棚田は傾斜地にあるもの。その傾斜地は基本的に山の近くにあります。つまり、棚田は平地に比べ、山の水源に近いことが多く、ミネラルが豊富な山水を最初に使えるのがメリット。結果、美味しい米が作れるわけです。

02 寒暖差が大きく、夜に稲がしっかり休める

標高が高い場所にある棚田は夜が涼しく、寒暖差が大きい点が特徴。おかげで、夜は涼しい環境下で稲がゆっくりと体を休め、炭水化物をしっかり蓄え、でんぷんを合成しやすくなり、美味しさも栄養もアップします。

03 排水性がよいので、土壌微生物が健全に保たれる

傾斜地にある棚田は排水性がよく、一般的な田んぼよりも土がよく乾きます。ちなみに土は湿潤と乾燥を繰り返すことで、土壌微生物を良い状態で保ち、美味しい米を作れますが、棚田はその条件をクリアしています。

04 日本の原風景としての圧倒的な美しさを誇る

周囲の山や海も相まって、美しさを増幅させる棚田。どこか哀愁を漂わせ、古き良き日本の原風景ともいえ、観光地や映えスポットとしても人気です。特に春先と秋の田んぼに水が入る「水鏡」は一見の価値あり！

05 美容・健康などの幅広いジャンルから注目！

米には食物繊維やビタミンなどが含まれているため、コスメや健康食品の原料になることも。また、稲刈りが終わった棚田でのキャンプができるプランなど、棚田×異ジャンルとのコラボレーションは徐々に盛り上がり中！

農水省職員｜FILE ＃003

繊維切りで肉は変わる

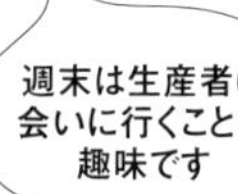

信戸一利さん
（茨城県出身／九州農政局所属）

1997年入省。食肉の流通、牛乳や乳製品の流通をそれぞれ5年間担当。東日本大震災では、風評被害により福島県産などの肉の処分に関わったことで、美味しく食べられる肉を捨てるという行為を少しでも回避できないかと考えるように。また、多くの人に肉の魅力を伝えるため、生産者や卸売業者、料理人から調理法などを勉強中。生産から流通、販売まで肉のすべてを知り尽くす。

肉愛レポート

私が尊敬する生産者のひとり・藤田春恵さんが飼育したブラウンスイス種。その牛のひき肉を使ってキーマカレーを作りました！

単身赴任中ということもあり、日夜大好きな肉レシピを研究し、自炊に励んでいます。この日は、クラムチャウダーで煮込みハンバーグ。

こちらも藤田さんと地域の仲間が作り上げたシャルキュトリー（加工肉の総称）セット。ブラウンスイス種を使ったコーンビーフは絶品！

ストーリーを持つ肉のお取り寄せに夢中！

乳牛（ホルスタイン）として、乳を搾れるのはお母さん牛のみで、出産できないメス牛やオス牛は食肉用となります。乳牛の他、ブラウンスイスという乳肉兼用の牛は、同じようにオス牛は肉となりますが、ホルスタインよりも大きく育たないことから、行き場をなくすことも。どんな牛も美味しくいただけるように、そんなオス牛を自分で育て、その肉を自ら近くのレストランに売るなど、試行錯誤しながら活動している方たちがいます。私はそこに強い想いを感じるのです。応援の気持ちを込め、生産者さんの肉を取り寄せています。

私が出会った達人

菅原牧場
藤田春恵さん

地元・岩手県西和賀町で、家業の酪農を継ぎながら、放牧にもチャレンジ。乳肉兼用であるブラウンスイス種の可能性に惹かれ、その牛乳も肉も、自らPRしていく姿は素晴らしい。

Ministry of Agriculture, Forestry and Fisheries

肉のトリセツ

001

「牛肉も鶏肉もおさえて食卓人気1位は豚肉!」

【食肉消費の構成割合（単位：%）】

	家計消費	加工向け	その他（外食など）
牛肉	31%	6%	63%
豚肉	50%	23%	27%
鶏肉	40%	6%	54%

豚肉はロースやバラ肉など幅広く使えるため、家計消費1位。贅沢品の牛肉は外食利用が多い。

※「令和元年度調査」

今どき飼育事情

デジタルツールを使い、若者たちも精力的に活動!

全国的に酪農家の数は減少傾向にありますが、そんな中でも北海道や栃木県、熊本県などの主要産地を中心に、次世代の活動が活発化。若き同志がたくさんいるので、情報交換も盛んです。朝は早く夜も遅く、酪農の仕事は体力的にハードですが、機械化も進んでいて、自分の牧場の様子をスマホで確認できたり、遠隔操作で管理することもできます。省内から酪農家に転身された方もいますし、酪農の将来は明るいと信じています!

「スーパーで肉を選ぶときは売り場から少し離れて確認を」

**赤みがかった照明もあるので
肉本来の色味をチェック**

肉売り場のショーケースの明かりは、他の売り場に比べて赤みがかっていることがあります。そのため肉を買うときは、ショーケースから少し離れた場所で確認を。肉本来の色味がわかり、選びやすくなります。また、美味しい肉の見極め方は、牛、豚、鶏など肉の種類によって異なるので、左ページで詳細を確認してください。

美味しい肉選びの基準はこれ!

赤よりももっと濃い ワインレッド色が正解

赤いほうがいいと思っている人が多いと思いますが、牛肉はワインレッドに近い濃い赤のほうが美味しいといわれています。ちょっと色が濃くなったもののほうが、味が濃厚になります。通常より３～４カ月飼育期間を長くすると、年を重ねる分、味に深みが出てくるんです。

赤身と脂肪部分の色がはっきり分かれているものを

豚肉は、淡いピンク色で表面がみずみずしくツヤがあるものが新鮮です。よく耳にする「イモ豚」は、良質な脂肪を持つ豚肉のひとつ。脂肪の色味は、くっきりと白色の肉を選んでください。また、パックを傾けて、赤い汁が出ているのは鮮度が落ちている証拠なのでご注意を。

飼育期間が長いほうが 味が深くなる

スーパーで手に入るブロイラーの飼育期間は50日くらい。一方、地鶏は80日以上と決まりがあり、やはり長い期間を経て育てると味が深く美味しくなります。また、鶏肉は水分が多いため、鮮度が落ちると弾力がなくなるので、プリッと弾力のあるものを選ぶようにしてください。

Ministry of Agriculture, Forestry and Fisheries

肉のトリセツ

003

肉

「初めての焼肉店では、まずカルビクッパをオーダーせよ!」

焼肉の王様・カルビ肉の美味しさを確認すれば間違いない!

単純に好きというのもあるのですが、私は焼肉店に行くとまずカルビクッパをオーダーします。その店のたれに漬けこんでいる肉が入っているから、焼肉の味が想定できます。また、カルビはバラ肉などですが、脂肪分が多いので全体的に柔らかく、旨味に富んでいます。カルビクッパの肉で、その店の肉レベルがおおよそわかります。

Ministry of Agriculture,Forestry and Fisheries

肉のトリセツ

004

「肉は繊維に垂直に切ると柔らかくなる」

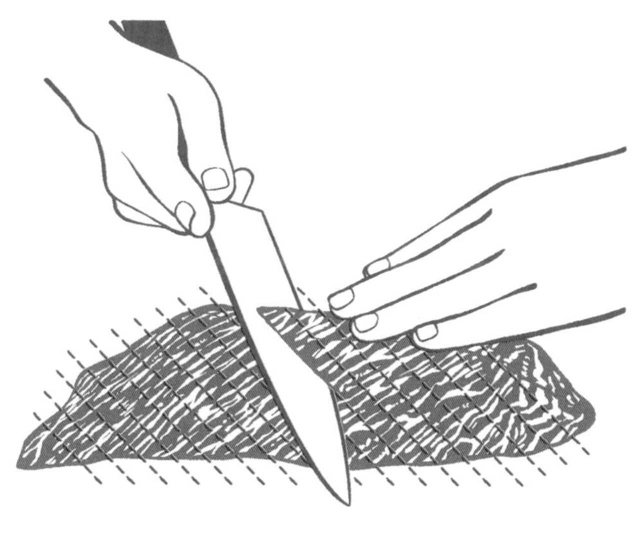

**肉の硬さは繊維の結合が原因!
垂直に切って結合をゆるめよう**

肉を噛み切る際に、繊維同士の結合が強いと固く感じるもの。そこで、横長に走っている繊維に対し垂直に切り刻むことで、筋肉の結合力が弱まり、噛み切りやすい食感となります。これは、牛肉に限らず、どの肉でも共通。豚肉や鶏肉もそうですし、ハムでもなんでも一緒です。よく切れる包丁を使って垂直方向に切りましょう。

Ministry of Agriculture,Forestry and Fisheries

肉

肉のトリセツ

005

「肉はブロック肉を買うのがおすすめ」

**精肉店の人と仲良くなって
ブロック肉の調理法を学んで**

あらかじめ切ってパック詰めされた肉は、調理法が限定されてしまいます。ブロック肉を買うのが肉料理を楽しむヒケツ。自分の作りたいレシピに合わせてカットすれば、よりお得に美味しく食べることができます。最初は難しいと思うので、精肉店の方と仲良くなって、調理法を聞いたり下味の付け方を教えてもらいましょう。

Ministry of Agriculture,Forestry and Fisheries

肉のトリセツ

006

「冷凍肉は一晩かけて解凍したほうがいい」

解凍後、調理直前に常温へ戻すと旨味が保てる!

肉を解凍する際に気をつけたいのは、ドリップ(解凍する際に肉の内部から出る液体)が出ること。この液体にはエキスやビタミン類が含まれるので、ドリップが出ると旨味が失われます。冷蔵庫に一晩入れておけば、徐々に解凍されるのでドリップも出にくい。解凍したら、塩、こしょうなどで下味を付けて、調理前に冷蔵庫から出して常温に。

NIKU column #001

達人がおすすめする肉を極める3つの掟

肉を美味しく食べるための、信戸さん流のルールをお聞きしました！
道具と調味料を揃えたら、おすすめレシピを試してみて。

1 三種の神器をそろえる

肉を調理するときに大切なのは、時間をかけて火を入れること。
そのためにあると便利な調理道具を教えてもらいました。

過熱水蒸気オーブンレンジ 石窯ドーム ER-VD7000
東芝

「石窯おまかせ焼き」を使えば、本格オーブン料理も可能！「加熱スピードが速く、重宝しています。妻からも好評です」オープン価格／東芝生活家電ご相談センター ☎0120-1048-76

軽量単層NEO 片手圧力鍋 HB-1734
パール金属

「ガス・IH兼用で使える圧力鍋。時間のかかる煮物などもスピード調理できるので、時短にもつながります。ラフテー作りに愛用しています」8,580円(税込)／パール金属 https://www.p-life.co.jp/

真空保温調理器 シャトルシェフ KBJ-4500
サーモス

ステンレス製魔法びんと同じ高い保温力があるので、煮込み料理に最適。「シャトルシェフを使えば、ローストビーフや丸鶏の調理もできます！」22,000円(税込)／サーモス ☎0570-066966

2 ご当地ソースを活用する

信戸さんが旅先で出会ったご当地ソースをラインナップ。かけるだけで美味しさが倍増する、と太鼓判の3品。ぜひ見かけたらお試しを！

スタミナ源 塩焼のたれ
上北農産加工

青森県産ニンニクを使用した、まろやかな塩こしょう味のたれ。「ニンニクたっぷりで焼肉、野菜炒めやスープなど、さまざまな料理にも使えます」380g 432円(税込)／上北農産加工 ☎0120-80-3138

紫峰蔵元秘伝 ノンオイル焼肉のたれ
柴沼醤油醸造

茨城県の醤油メーカーさんが作るたれ。玉ねぎとぶどう山椒を効かせてあり、さっぱり食べられます。「私の地元・茨城産なので、愛着もひとしお」360g 441円(税込)／柴沼醤油醸造 ☎029-821-2400

戸村の焼肉のたれ
戸村フーズ

宮崎県でしか手に入らず、ひとつひとつ手作りしていて大量生産できない伝説の商品。「宮崎への単身赴任をきっかけに出会った絶品のたれです」400g 514円(税込)／戸村フーズ ☎0987-22-2456

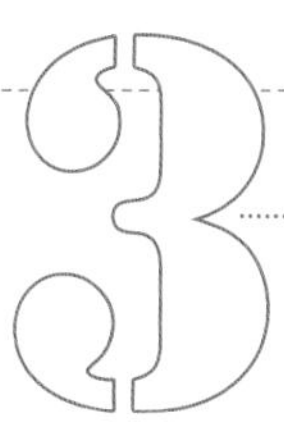

ブロック肉レシピをマスターする

難易度が高そうに見えて、実は簡単なレシピを紹介。どちらの料理も作り置きできるので、週末に作っておけば1週間楽しめます！

Point
コーラの炭酸は肉を柔らかくする働きがあるので、しっかり煮込んで。チャーハンに投入したり、アレンジで使うのも美味しい！

コーラ煮豚

材料（4人分）
豚ブロック肉（肩ロース肉など）…350g
醤油…150mℓ
コーラ…200mℓ
おろしニンニク…1かけ
焼肉のたれ＊あればでOK…100mℓ
塩、こしょう…各適量

作り方
1. 豚肉に塩、こしょうをして室温に戻してから、フライパンで表面がこんがりするまで焼き目をつける。
2. 密封袋に焼いた豚肉と調味料をすべて入れ、空気を抜きながら封をする。
3. シャトルシェフの内鍋でお湯を沸騰させ火を止めてから、密封袋ごと浸して、シャトルシェフにセットし、そのまま5～6時間保温加熱する。
4. 肉を取り出し、冷めるまで休ませる。つけ合わせの野菜と一緒に皿に盛って完成。

＊煮汁はソース利用も。＊シャトルシェフを持っていない方は、他の保温調理器でも可。

コーラ煮豚と同様に、ブロック肉はじっくり加熱すると柔らかく美味しくなります。下味のしょうがは、なるべく生のものをスライスしましょう。

ラフテー

材料（4人分）
豚バラブロック肉…750g
長ねぎの青い部分…1本分
しょうが…1かけ
カツオだし…200mℓ
泡盛（焼酎でも可）…100mℓ
醤油…100mℓ
三温糖…60g

作り方
1. 圧力鍋に入る大きさに長ねぎの青い部分と豚バラ肉を切り分け、しょうがは皮付きのままスライスする。
2. 1の材料を圧力鍋に入れ、ひたひたになるまで水（分量外）を加え、30分加圧調理する。
3. 火を止めたら、ねぎとしょうがは捨て、煮汁は濾して別の容器に保管する。
4. 豚肉は、流水で洗い表面の油を落としてから、3㎝ぐらいの幅に切る。
5. 圧力鍋にカツオだし、醤油、泡盛、三温糖と4を入れ、40分加圧調理する。
6. 蓋を開け、再沸騰したら弱火で3分煮て完成。冷蔵庫に入れて一晩味をしみ込ませるとGOOD。

＊茹で汁は冷やすと表面にラードができるので、チャーハンなどに使用しても。また、汁は沖縄そばや冬瓜スープなどにも。煮汁にゆで卵を入れれば、簡単に煮卵もできる。

肉

農水省職員 FILE #004

ジビエはキレイの近道

2016年入省。入省1年目の研修で、ジビエの優良地区・和歌山県古座川町で初めてジビエを食べ、その美味しさに感動！ それを機に鳥獣被害の元凶になる野生鳥獣を美味しくいただくという、ジビエの奥深さに強く惹かれる。3年目の異動で希望が叶い、鳥獣対策とジビエの所管課に。冷蔵庫の中にはさまざまなジビエを常備しており、「ジビエが好き過ぎて狩猟免許を取得した男」として省内でも有名に。

狩猟シーズンが早く来ないかワクワクしてます！

佐藤駿悟さん

（宮城県出身／鳥獣対策・農村環境課所属）

ジビエ愛レポート

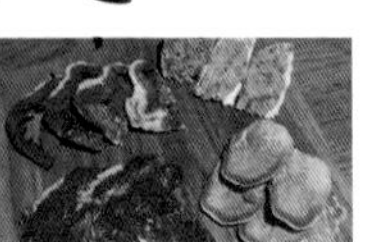

ジビエのシャルキュトリーもお店で食べたもの。初心者さんは加工肉から入るのがおすすめ。

お店で食べるのも最高です。ジビエは、最大限に旨味を堪能できるシンプルなローストが一押しです。

ネットで買えるので常時数種類をストック！ ブロック肉や、ハムやパテなどもよく買います。

鳥獣被害をプラスに変えるジビエのポテンシャルに魅了

研修で訪れた古座川町でシカとイノシシの美味しさに触れて以来、ジビエの野性味あふれる肉の味わいをふと欲している自分がいます（笑）。自分でも狩猟をしたくて、主にシカやイノシシなどの中～大型獣を捕獲できる罠免許と、銃で鳥類を含むさまざまな種類の狩猟鳥獣を捕獲できる銃の免許を取得。まだペーパーハンターなので、猟に出るのが目下の目標。近年、野生のシカやイノシシが増え、農作物を食べ尽くす鳥獣被害は、農山村の深刻な問題です。そんなマイナスの存在である野生鳥獣を、地域資源にするジビエ利用の取り組みに期待しています！

私が出会った達人

古座川ジビエ山の光工房

鈴木貴裕さん

「ジャイアン貴裕」として活動する現役格闘家でありながらジビエに魅了され、千葉県から和歌山県へ移住。ジビエ処理加工肉施設に勤務しアスリートにジビエをPR。

Ministry of Agriculture, Forestry and Fisheries

ジビエのトリセツ

001

「ジビエとは野生鳥獣の肉のこと」

皆さんはジビエを知っていますか？

ジビエとは、野生鳥獣の肉のこと。鳥獣被害は近年減少傾向にあるものの、まだまだ深刻。畑を荒らす野生鳥獣を獲ったら、命を大切にする観点からも、できる限り地域資源として活用しましょうと、ジビエを利用する取り組みが増加していて、国もこれを推進しています。野生鳥獣は普段、山を駆け回っているので、赤身が引き締まって、肉の味が濃いといわれています。現在流通しているジビエはすべて、2014年に厚労省が定めたガイドラインに従って適切に処理されているので、以前よりもレストランでも取り扱いやすく、より消費者のもとにも届きやすくなりました。ジビエブームは年々加速中です！

害獣を資源に　美味しく食べてマイナスイメージを払拭

あまり知られてないかもしれませんが、シカとイノシシなどの野生鳥獣は農作物に多大な被害を与えています。その額は徐々に減ってはきているものの、それでも2020年の時点で158億円とまだまだ多い状況です。育てた作物を収穫間近で、根こそぎ食い尽くされてしまうと農家さんのモチベーションは下がる一方。ジビエとして美味しく食べる提案は、害獣を資源へと転換し、捕獲の推進にもつながります。

便利サイトをCHECK!

【 ジビエト 】

https://gibierto.jp/

2018年にスタートしたジビエのポータルサイト。全国各地にあるジビエ料理のレストラン、レシピ、イベントなどさまざまな情報を網羅しています。

【 HELLO！ジビエ 】

https://event.rakuten.co.jp/area/japan/gibier/2020/

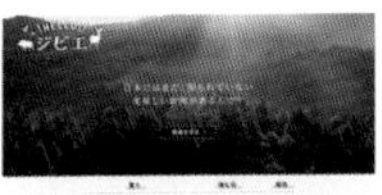

スーパーでは手に入りづらいジビエを、お取り寄せできます。生肉、レトルト食品やソーセージなどの加工食品、ペットフードなど、豊富にラインナップ。

肉

ジビエのトリセツ

002

「ダイエットしたいなら シカ肉を食べよ!」

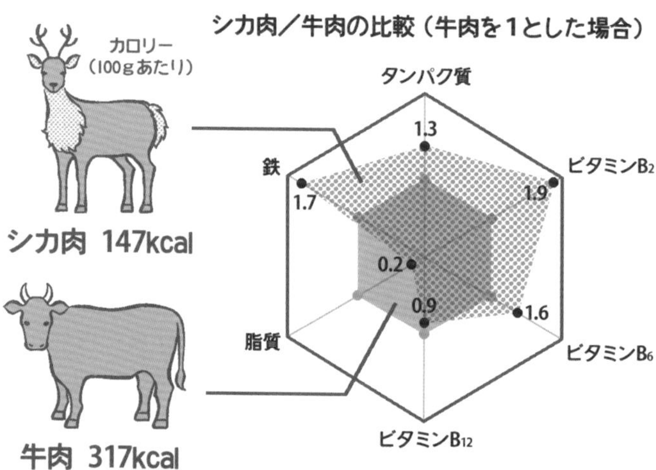

高タンパク低カロリーで アスリートも注目!

シカ肉は牛肉の味わいと似ているといわれることもありますが、成分で比べてみると脂質が牛肉の1/6程度でとてもヘルシー。タンパク質が多いことから、アスリートの間でも広まりつつあります。鉄分は牛肉の2倍含まれ、ヘム鉄と呼ばれる体に吸収されやすい成分が豊富なので、貧血や冷え性の方にもおすすめです!

Ministry of Agriculture, Forestry and Fisheries

ジビエのトリセツ

003

「イノシシ肉で美肌が保たれる!」

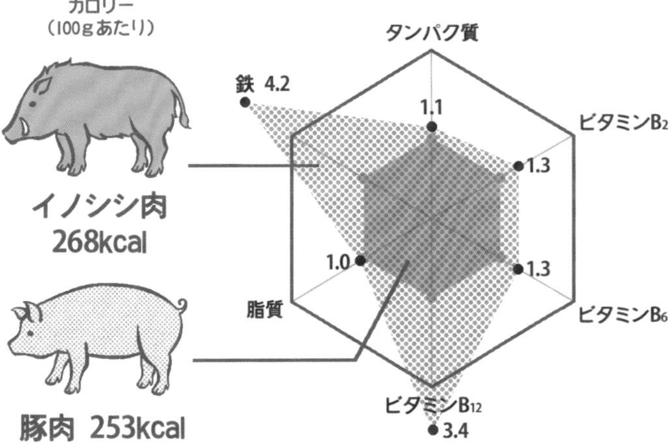

豚の祖先であるイノシシはコラーゲン豊富

イノシシを家畜化したのが豚ということもあり、その味わいは豚肉にかなり近い！　カロリーは豚肉とそこまで変わりませんが、ビタミンB_{12}が豚肉の３倍も含まれ、さらにコラーゲンもたっぷり含まれるため、美容効果の高い肉といえます。肌の調子が気になるときは、イノシシ肉料理をぜひ取り入れてみてください。

NIKU Column #002

知れば知るほどハマる ジビエの世界

ジビエ初心者さんは特に必見。どんな肉から挑戦したらいいか迷っている人に向けて、佐藤さんが美味しく食べる方法をレクチャー！

まずは加工肉や惣菜から入る 1

初めてジビエを食べる方で、特に抵抗がある方は、加工されている肉や惣菜から！　普段食べているハムやベーコンと同じように味わえるはず。

加工肉から入れば抵抗感も軽減!?

ジビエの流通量は年々増えていますが、食肉処理施設のキャパシティなどの課題もあり、どのスーパーでも購入できるほどの十分な流通量が確保されるまで、まだまだ時間はかかります。そこで利用してもらいたいのがネット通販。初心者の方はハムやソーセージ、パテなどの加工肉から挑戦を。カレーなどのレトルト食品もおすすめ。スパイスが効いて、くさみもなく、気軽に美味しく食べられる商品が多いです。一度食べれば、その奥深い味わいに惹きつけられます。

【 北海道知床産 鹿肉のキーマカレー 】
ベル食品

シカ肉の旨味を堪能できます。「北海道の食品メーカーが作るエゾシカのキーマカレー。お手軽なレトルトなので、平日の夕食のお楽しみにする日も」1食 421円(税込)／ベル食品　☎0120-613-040

【「ぎふジビエ」鹿の エマルジョンソーセージ 】
里山きさら

粗びきのシカ肉を混ぜこんだソーセージは、くどくなく、さっぱりと食べられます。「里山きさらは、おしゃれな惣菜類を単品で買えるのが魅力」734円(税込)／里山きさら　http://www.satoyama-kisara.jp/

【 ビュートミート 】
古座川ジビエ山の光工房

開封後そのまま食べられるよう、シカ肉を加工。「鈴木貴裕さんプロデュースのサラダジビエ」スタンダード450円(税込)、プレミアム650円(税込)／古座川ジビエ山の光工房　https://kozagawa-gibier.jp/

初心者さんの調理はひき肉から

次は自宅でジビエ肉を調理して楽しみましょう。佐藤さんもよく作るのがひき肉を使った料理。麻婆豆腐やハンバーグが一押し！

アレンジしやすいひき肉は安価なのもポイント

ジビエのひき肉料理は安くて美味しい！シカ肉の場合、100g100円くらいで、ほぼ豚こまと同価格で買えることもあります。シカ肉のひき肉は赤身だから、食感や肉々しさがしっかり残るのが特徴。写真は私が作ったエゾシカの麻婆豆腐ですが、麻婆豆腐やハンバーグにすると食べ応え◎。

プロの名店でさらに深い感動を味わう

舌がジビエに慣れてきたら、プロの味を味わってみて。ジビエを扱う飲食店はどんどん増えています。ここではタイプの違う3店をご紹介。

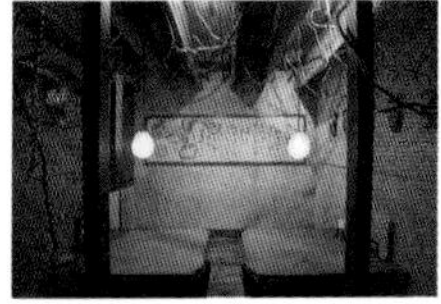

【 あまからくまから 】

ジビエ専門の和食店。王道のぼたん鍋やシカ肉のステーキなど美味しく味わえます。「ハンター界では一番美味い、といわれることもあるアナグマの炭火焼きは要注目」

㊟東京都中央区日本橋人形町3-7-11 大川ビル2F ☎050-5488-9958 ㊑17:00～23:00 ㊡日曜・祝日

【 ラチュレ 】

ミシュランガイド東京にも選ばれたフレンチレストラン。「ジビエのランチコースがおすすめ。狩猟期はシェフ自ら狩りに行っているそうで、こだわりを感じます」

㊟東京都渋谷区渋谷2-2-2 青山ルカビルB1階 ☎03-6450-5297 ㊑(ランチ)11:30～15:30 (ディナー)17:30～22:00 ㊡不定休

【 Nico 】

リーズナブルにさまざまなジビエ料理を楽しめるビストロ。「ここのシカのタルタルは必食です。赤ワインやパンとの組み合わせが最高です。系列店もあるので、チェックを」

㊟東京都中央区日本橋室町4-3-14 ☎03-3241-3399 ㊑(平日)17:00～23:30 (土)15:00～23:00 ㊡日曜

農水省職員 FILE #005

魚の得する食べ方

アジ、サバ、イワシ。青魚に目がありません！

2015年入省。入庁当初に水産庁主催の「魚の国のしあわせプロジェクト」に関わる。国民の「魚離れ」を食い止めるため、全国各地で活動をされている方たちの熱い想いに触れ、サポートしたいと強く思う。入庁2年目の漁村研修では、漁業をする若い方々と出会ったのも刺激に。さらに研修や単身赴任中には、その土地の魚と出会い、美味しく味わおうと料理の腕が磨かれる。休日は魚料理にいそしむ。

冨澤輝樹さん
（東京都出身／水産庁増殖推進部所属）

魚愛レポート

自宅の飼育部屋には、400匹の生き物がいて、実は住人の寝室より広いんです(笑)。

安くなっているとまとめ買い！　キッチンのシンクが魚で埋まることもしばしば。

3歳頃、水族館でツノダシという魚と撮った写真。物心ついた頃から魚に夢中！

魚は種類がたくさんあって探求心をそそられる！

豊洲市場に並ぶ魚なら知らない魚はいませんが、それでもたまに見たことのない魚に出会うんです。その新たな発見を求めて、時間ができたら市場へ足を運んでいます。築地や豊洲で行きつけのお店ができましたが、学んだのは「今日何が美味しい？」とお店の人と会話をしながら仲良くなるのが、美味しい魚と出会う近道ということ。プロのいうことに間違いはありません。切り身なら、断面で脂ののり具合をチェック。丸ごと一匹買うなら、丸々と大きい魚を選ぶ。刺身、焼く、煮るなど、調理法が多彩。飽きずに食べられる魚にハマっています。

私が出会った達人

対馬のイカ漁師
遠藤重市さん

漁村研修で知り合った凄腕のイカ漁師さん。1日で、釣れても200箱といわれているなか、最高500箱（4t 相当）水揚げすることも。そんな姿を尊敬しています。

Ministry of Agriculture,Forestry and Fisheries

魚のトリセツ

001

「スーパーで真っ先にチェックすべきは隅っこの端材コーナー」

だしや煮物にすると美味しいあらや切り落としが安く売っている!

切り身を作る際に出る切り落としや、あらが売られている端材コーナーを利用しない手はない！　タラやサケの切り落としは汁物や鍋の具に。タイの割られた頭は、炊飯器で炊きこめば簡単鯛めしに。また、加熱用として売られているカツオやマグロの血合い部分は、鉄分たっぷりなので貧血予防になります。ニンニクと煮れば臭みも消えます！

Ministry of Agriculture,Forestry and Fisheries

魚のトリセツ

002

「アジ最強説! 丸ごと買って7通り楽しむべし」

① 刺身

鮮度のいいものが手に入ったら、やっぱり刺身。脂ののったアジはたまりません。あえて多めにさばいて、漬け丼用に醤油とみりんに漬け込めば、生食も二度楽しめます。

② 焼く

定番は塩焼きだと思いますが、その場合、水気をふきとってしっかり塩をすりこませるのがコツ。ふっくら焼きたいならグリルで、クッキングシートを使うと後片付けも楽です。

③ 煮る

私の得意分野である煮魚。アジの煮付けも美味しいです。アジがぴったりおさまるサイズの鍋を用意して、強火で一気に煮る。皿に盛ったら、輪切りのしょうがなどを添えて。

4 蒸す

普通の鍋で作れるのがポイント。白菜やだしの昆布を敷き詰めて、その上に魚を置き、料理酒を入れて蓋を閉めて加熱。アジの酒蒸しはヘルシーでダイエット中の方にもおすすめ。

5 揚げる

好物のひとつでもあるアジフライは、さばきたてのアジを使うと、切り身で買ってきたものより身がふわふわで美味しいです。また、揚げ時間は3分程度、短いほうがふっくらします。

6 たたく

刺身が余ったら、ぜひトライしてほしいのが、なめろう。味噌と細かく刻んだしそ、そしてザク切りにしたアジを包丁でたたくだけ。これもごはんにのせて、さらにお茶漬けにしても。

7 たたいて焼く

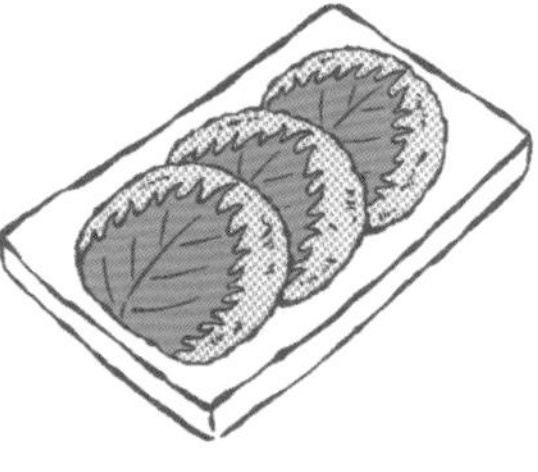

アジやイワシがたくさん獲れる房総半島の郷土料理で、なめろうを焼いたさんが焼きも大好き。なめろうを作るときに、粘り気が出るまでたたき、つなぎに卵を入れるのが私流！

真アジvs丸アジ

東と西とではアジの種類が違う!?

アジは関東と関西で流通している種類が違います。関東は、千葉県銚子沖で獲れる真アジ。関西だと真アジもいますが、和歌山県近海で獲れる丸アジも流通しています。味わいに大差はないですが、さばいたときに白っぽい身が真アジ、血合いが多いのが丸アジです。血合いが多い分丸アジのほうが鉄分は豊富です。あとは旬の違いも。真アジの旬は夏で、丸アジは冬。旬のアジは脂がのって美味しいので、新鮮なアジが手に入ったら刺身で堪能しましょう。

Ministry of Agriculture, Forestry and Fisheries

魚のトリセツ

003

「"魚を煮るときは野菜も一緒"がお約束」

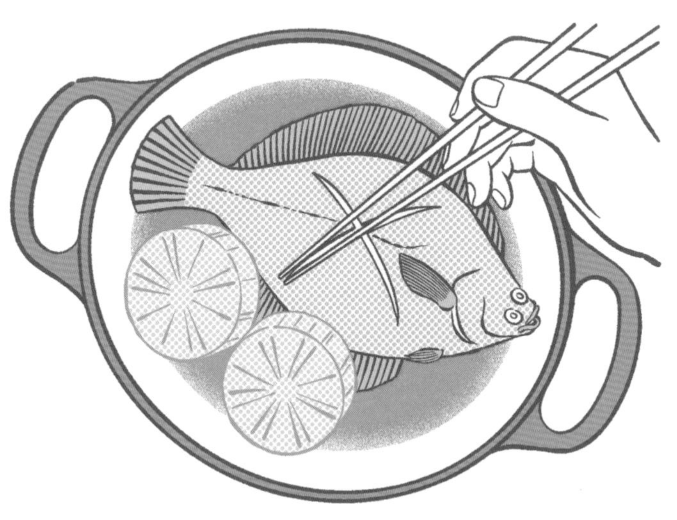

煮魚に加えるだけだから調理法もとても簡単！

煮魚を作るときは、煮汁をあますことなく使うのがおすすめ！　魚に火が通ったところで野菜を投入。そうすると栄養面でもオイシイことが。たとえばブリ大根の煮汁には、魚の栄養素が溶け出しているので、煮汁がたっぷりしみ込んだ大根でブリの高い栄養素も丸ごと吸収できます。同じように豆腐も魚と煮ると美味しいですよ。

美味しい組み合わせ

マグロ × わさび醤油

やっぱり新鮮なマグロの刺身には、わさび醤油。わさびには抗菌作用もあるので、刺身全般に合わせるのは理にかなっています。

イワシ × 梅

“入梅イワシ”といわれるくらい、イワシの季節は梅雨。旬のイワシは脂がのっているので、梅と一緒に食べるとさっぱり美味しい！

カツオ × ニンニク

私の場合、カツオはニンニク派です。スライスした生のニンニクと塩を合わせたものだとさらに香りもよくて最高です。

タイ × 生卵 × 醤油

タイの刺身は生卵と醤油に漬け込んで食べるのがおすすめ。愛媛県南部の鯛めしのレシピですが、ごはんにのせるとまた格別です。

その他の白身魚 × レモン × 塩

カレイ、タイ、イサキ、カマスなどの白身魚の刺身は、レモン汁＋塩が相性抜群。さっぱりと食べられるので疲れた日にもおすすめ。

魚トリビア

押さえおくべきマメ知識！

魚には味覚がある！
人間と同様に味覚を感じるための味蕾（みらい）があります。甘味、苦味、辛味、酸味の4つの味がわかると考えられています。

イカは貝類の仲間！
イカをさばくと胴の内側に軟甲という透明なペンみたいなものがあります。これは貝殻が退化したものなんです。

カジキマグロはマグロじゃない!?
ステーキや煮付けにすると美味しいカジキマグロは、マグロの仲間ではありません。同じようにタイと名前がついてもタイの仲間でない魚がたくさんいます。

サケは白身魚の一種！
ヒミツはエサ。サケが好むカニなどには、アスタキサンチンという赤色色素が含まれているため、身がピンク色に。

Ministry of Agriculture,Forestry and Fisheries

魚のトリセツ

004

「初めての寿司店では青魚を最初に注文せよ!」

ここのお味はどうかしら？
コハダをお願いします！

扱いの難しい青魚を美味しく出してくれるお店は本物!

あくまで私見ですが、鮮度、さばき方などの観点から青魚は扱いが難しいといわれています。基本的にお店で丸ごと一匹下ろして握るという一連の作業をやっていて、さらに下ろしてから握るまで間が空くと味が落ちるので、鮮度管理も徹底しているはず。サバなどは身割れしやすいから、いい青魚を仕入れているお店に魅かれます！

Ministry of Agriculture,Forestry and Fisheries

魚のトリセツ

005

「調理後の生ゴミは冷凍するとニオイが減る」

家族の了承を得られたら導入してもらいたいウラ技!

基本的には可燃ゴミの前日に魚調理をすることをおすすめしますが、すぐに捨てられない場合は、密閉容器に生ゴミを入れて冷凍しておきましょう。これで大分ニオイを抑えられます。密閉容器に入れておけば、ニオイ移りの心配はほぼありませんが、それでも気になる人は、さらに密封袋に入れておくと安心です。

農水省職員｜FILE #006

野菜の美味しさを引き出すコツ

日本の野菜は世界に誇れる素晴らしき宝です

大城秀斗さん
（沖縄県出身／大臣官房 国際部所属）

2019年入省。食と経済との繋がりに関心を持ち、大学では農業経済学部へ。当時は食べ歩きにハマっていたが、持ち前の探究心と行動力で、生産者への突撃訪問も断行。入省後は食、なかでも野菜への興味が益々大きくなり、省職員の松本純子さんなどもメンバーの週末農業「NINO FARM」に入部。野菜愛と元来の実行力で、現在はリーダーとして精力的に野菜作りに励む。

野菜愛レポート

週末農業「NINO FARM」の活動のひとコマ。「BUZZ MAFF」でお馴染みの野田さんもメンバーの一員。

年中、野菜たっぷりの鍋をよく作ります。スープを飲める鍋は野菜の栄養を逃さない最高の食べ方。

畑を貸してくれている農家さんの耕運機をお借りして作業。こんな風に体を動かすことは大切な息抜き。

未来に残したい野菜は〝買って食べる〟応援を！

学生時代に海外旅行をした際、現地で生野菜を食べ、腹痛で悶絶した経験が。そのとき、安心して生で食べられる日本の野菜の生産、流通の素晴らしさに気づきました。皆さんは普段、何気なく野菜を買っているかもしれませんが、野菜が持つ驚異の歴史や、生産者から消費者の口に入るまでのストーリーを知れば、食べる楽しみが増すでしょう。また、野菜を選ぶときの基準に、味、価格、そして、「未来に残したいかどうか」も加えてみて。私たちが何を選んで買って食べるかで、未来に残る野菜の運命が変わることをぜひ覚えておいてください。

私が出会った達人

チャヴィペルトファーム
中山拓郎さん・**かんな**さん

埼玉県草加市で、都市農業＋オーガニック野菜作りを両立する中山ご夫妻。「NINO FARM」のオーナーでもあり、いつも野菜作りのアドバイスをいただいています。

Ministry of Agriculture,Forestry and Fisheries

野菜のトリセツ

001

「キャベツの鮮度キープには芯のくりぬきが必須!」

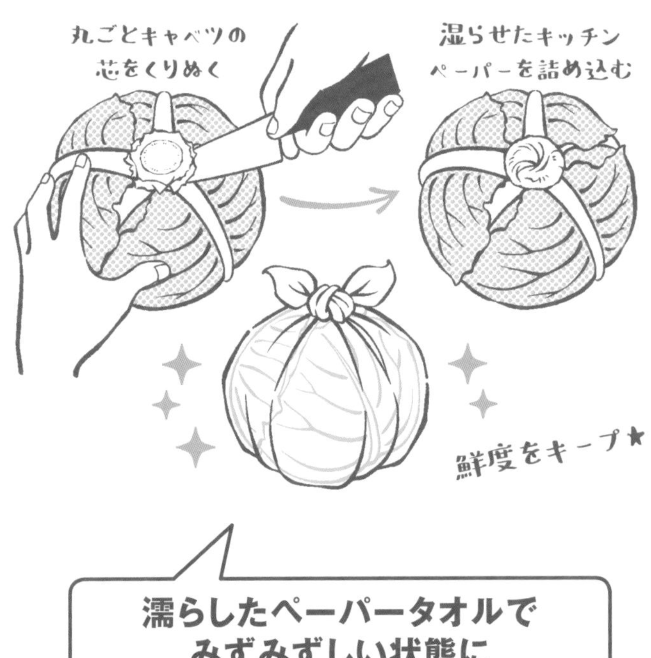

濡らしたペーパータオルでみずみずしい状態に

節約になるからと、丸ごと買う機会も多いキャベツ。ラップに包んで野菜室で保存するのが定番ですが、一手間かけることでより長く新鮮さをキープできます。その一手間とは芯を包丁でくりぬき、そこに水で濡らしたペーパータオルを詰め、ビニール袋でしっかり密封すること。これで、1週間～10日間は新鮮な状態を持続可能。

Ministry of Agriculture,Forestry and Fisheries

野菜のトリセツ

002

「玉ねぎはレンチンして炒めると甘さアップ!」

野菜

電子レンジで玉ねぎの細胞壁を壊すのが要

カレーを作るときなど、玉ねぎをじっくり炒めて甘味を出したいけれど、時短のために省略するという場合もありますよね。実は電子レンジで加熱し、玉ねぎの細胞壁を壊してから炒めれば、短時間で最大限に甘味を引き出せます。玉ねぎの細胞壁は非常に強く、炒めるだけではなかなか壊れませんが、電子レンジなら壊すことが可能。

思わず誰かに自慢したくなる!
知られざる玉ねぎの素顔

日本に広まったのは明治時代のコレラがきっかけだった!?

恐怖に怯えた人々にとって、玉ねぎは救世主的存在

江戸時代には食用ではなく、美しい花が咲くことから、観賞用と考えられていた玉ねぎ。でも、明治初期のコレラ流行時、『玉ねぎがコレラに効く』という根拠のない迷信が広まり、爆発的に売れたことで、広く人々が食べるように。

エジプトのピラミッド作りの対価は玉ねぎだった!?

紀元前 27 ～ 25 世紀にはエジプトですでに栽培されていた!

ピラミッド建設の様子を記した資料には、建設に従事する労働者に玉ねぎが配給されていたという記録が。ちなみに亡くなった王族の目元にも殺菌作用のある玉ねぎを置き、ミイラにする際に腐敗を防いでいたという話も。

私たちが食べている部分は「実」ではなく「葉」だった!

「食べる部分＝実」ではない! 食べ続けていても知らない部位

玉ねぎを縦に切ってみると、下の部分に見える芯が「茎」。私たちが食べる玉ねぎは、その茎から出た葉が成長したもの。1枚ずつ剥がすと魚の鱗（うろこ）のようなので、鱗茎（りんけい）と呼ばれることも。ちなみにらっきょうやニンニクも同じ構造の野菜。

可愛い花が咲く玉ねぎの花言葉は「不死」である

玉ねぎの何層にも重なる層が永遠をイメージさせた!

玉ねぎはピリッと辛い味わいとは裏腹に、白や紫色の丸く可愛い花を咲かせる野菜。花言葉は「不死」。古代エジプト時代に玉ねぎが多くの層を持ち、むいてもむいてもなくならないことから、「不死」という言葉がつけられたという噂が。

野菜

Ministry of Agriculture,Forestry and Fisheries

野菜のトリセツ

003

「モロヘイヤは生で食べるのが一番!」

ビタミンB_2などの栄養素を積極的に摂りたいなら非加熱で

茹でて食べるという方が多いと思いますが、栄養を最大限に摂取したいなら、生がおすすめ。独特の粘り気を楽しみたい、でも、えぐみが気になる場合は、生でも細かく刻んでみて。スーパーなどで買ったものは問題ありませんが、茎、種、さやには、めまいなどを引き起こす成分が含まれるので、家庭菜園で収穫する場合は注意を。

Ministry of Agriculture,Forestry and Fisheries

野菜のトリセツ

004

「こんにゃくは手でちぎると酸化防止に!」

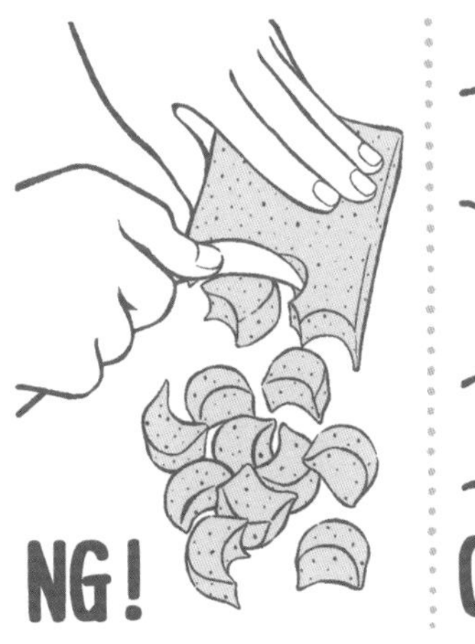

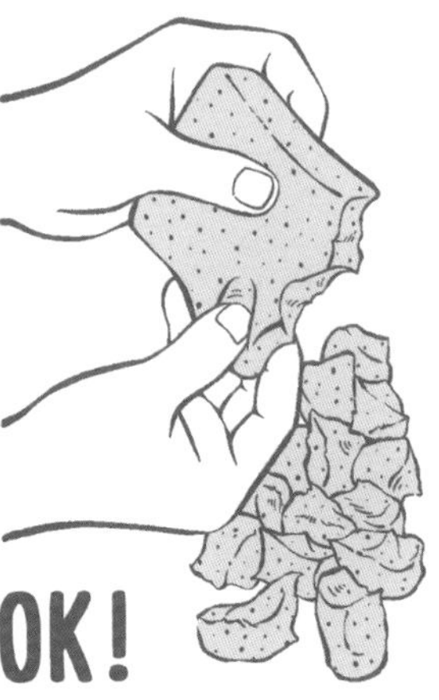

味や風味が落ちないうえに味がしみこみやすい

こんにゃくは包丁で切ると味がしみにくいからと、スプーンでこそぐ人も多いのでは？　でも、スプーンを使っても、包丁同様に側面がツルツルとし、味がしみにくくなってしまいます。また、金属の包丁やスプーンを使うと、こんにゃくの切り口が酸化し、味や風味が落ちることも。だから、手でちぎるのがベストなのです。

Ministry of Agriculture, Forestry and Fisheries

野菜のトリセツ

005

「収穫時期が違うだけで枝豆と大豆は同じ」

野菜

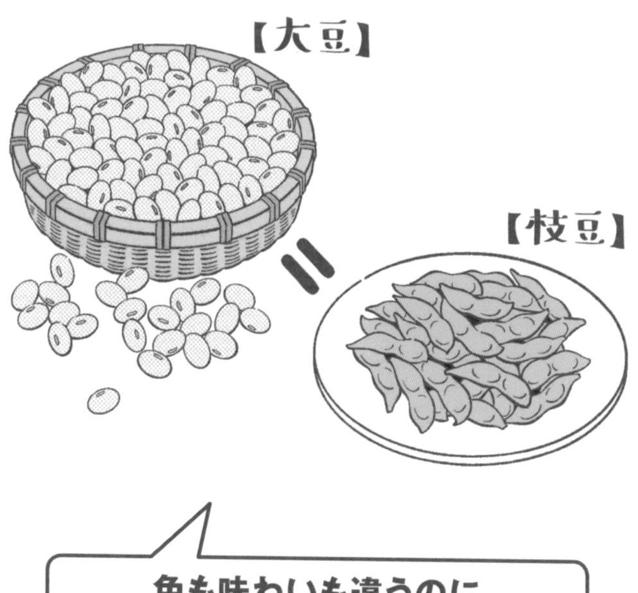

色も味わいも違うのにふたつとも同じ豆!

大豆と枝豆は全くの別の豆の種類と思っている人が多いですが、実は同じ豆で、収穫時期が違うだけ。枝豆はまだ熟しきっていない、若く青い状態のときに収穫されたもの。大豆は実が完全に熟し、茶色く乾燥した状態になったところで収穫されたものです。収穫時期が早いから、枝豆は大豆よりも柔らかく、みずみずしいのが特徴。

YASAI Column #001

いつもの買い物&食事が変わる！ 野菜トリビア

野菜に精通した大城さんが、目からウロコの野菜トリビアをご紹介。いつもの買い物や食事が楽しくなり、野菜への愛が深まるはず！

スーパーで買える野菜は オリンピック選手並みの精鋭たち

日本の厳しい選考を満たすのは 選りすぐられた一部の野菜だけ

スーパーに並ぶ野菜は、味や見た目、安全基準などのハードルをクリアした精鋭たちです。たとえるなら、スーパーがオリンピック、野菜が選手たち。地区予選に落ち、オリンピック会場にすら来られない野菜たちのほうがたくさんなのです。

私たちの"食欲"が 未来の野菜の運命を左右する

未来に残したい野菜は 積極的に買うことで応援！

今ある野菜は、昔の人たちが好んで積極的に食べて食のバトンを繋いでくれたおかげで存在。つまり､私たちの"食欲"で、未来に残る野菜が決まります。私たちが購入せず、食べる量が少なくなれば、作付け量は減り、廃っていく運命です。

日本人の"真面目気質"が 美味しい野菜を作っている！

何十年と月日をかけることも 厭(いと)わない日本人だから成せること

日本の野菜は味や栄養、品種の数など、世界的に見てもトップレベル。それは日本人の研究熱心で真面目な性質の賜物(たまもの)で、誇るべきことです。そんな日本の美味しい野菜を作る技術を狙った、種苗の海外流出が大きな問題になっているのも事実。

農水省職員｜FILE #007

切り方ひとつで野菜が変わる

野菜は最高!
特に九州野菜は
たまらんです

2019年入省。祖父母が農業をしていたことで、幼い頃から野菜や農家という職に親しみを持って育つ。入省後は熊本県に赴任し、現場と農政をつなぐ仕事に従事。最近は同世代の農家さんとのコミュニティにも積極的に参加。外食中心の生活だったが、野菜の素晴らしさに目覚め、社会人2年目にして自炊を始める。「BUZZ MAFF」では再生回数トップを誇る人気YouTuber。

白石優生さん
（鹿児島県出身／九州農政局所属）

野菜愛レポート

この日は食後に福岡県のいちご・あまおうを。15年連続で最高単価を記録しているだけあって、味でも大きさでも全ての面で王様！

九州野菜の代表格であるトマトは、道の駅でゲット。以前は野菜不足だったけれど、今は毎日必ず、夕食に野菜を。トマトは登場率No.1。

仕事から帰宅後、早々に夕食作り。狭いキッチンで作業がしにくいうえに料理初心者なので、1時間以上かかることも。毎回必死（笑）。

野菜作りに適した九州から野菜の魅力を発信したい！

九州農政局で仕事を始めてから、多くの農家さんと出会い、野菜作りへの思いを聞くようになったことで、野菜が大好きに。今では休日に道の駅までドライブして、知っている農家さんが作った野菜を買うのが楽しみです！　九州地方は黒潮、対馬海流が流れ、冬でも温暖な地域のため、野菜を育てるのに絶好。ピーマンやトマト、きゅうりなど、全国で1位、2位、3位の生産量を誇る品目も多く、日本の重要な野菜供給基地になっています。美味しくヘルシー、健康や美容にいい野菜を食べないのは損！　皆さんもぜひ、野菜に目覚めて（笑）。

私が出会った達人

ミヤザキファーム
宮崎修太さん

赤や黄、緑、紫色など、カラフルなミニトマトを10種類以上栽培し、「宝石とまと」という名前で販売して人気を博す宮崎さん。魅せることにもこだわる点に感心します。

Ministry of Agriculture,Forestry and Fisheries

野菜のトリセツ

006

「トマトはくぼみにそって切り分けると種やゼリーが飛び散らない!」

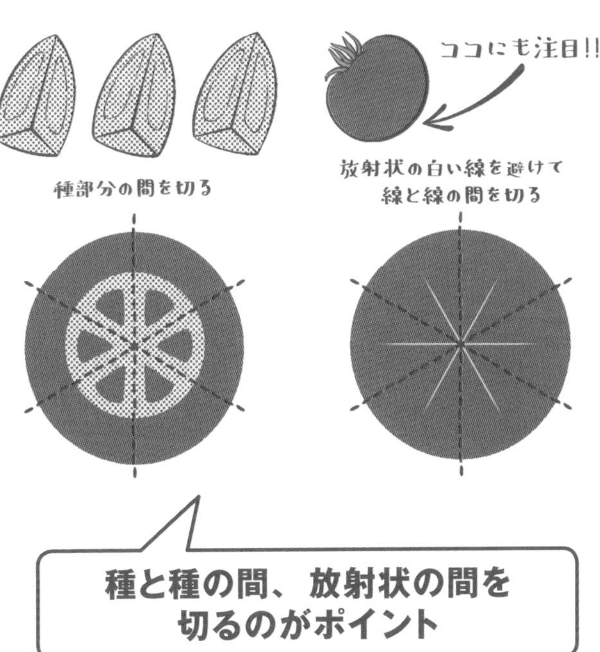

種と種の間、放射状の間を切るのがポイント

トマトを包丁で切ると、種やゼリーが飛び出し、まな板が汚れがち。でも、切り方を工夫するだけで、そんな問題を回避できます。その切り方とはヘタを切り、種と種の間の壁を切るか、トマトのお尻を上にして放射状の白い線の間を切ること。こうすることで、種やゼリーが飛び散ることなく、また断面もキレイな仕上がりに。

Ministry of Agriculture, Forestry and Fisheries

野菜のトリセツ

007

「ピーマンはワタ&種にこそ、栄養が集中しているので丸ごと食べて」

ピーマンのワタと種は取らなくていいのよ!

処理が簡単なうえに
栄養も摂取できる!

種には虫から身を守るためのアルカロイドといわれる天然毒が含まれますが、人間が食べても特に影響はありません。体内で分解されるうえ、熱を加えると消えてしまうので、心配不要。ワタには血行促進効果などのあるピラジンやカプサイシン、種にはカリウムが含まれているので、取り除かずにそのまま使いましょう。

Ministry of Agriculture,Forestry and Fisheries

野菜のトリセツ

008

「きゅうりは簡単アク抜きでえぐ味、苦味をオフ!」

ヘタと切り口をこすり合わせ、白い泡が出たら水洗いを

アクとは、食材に含まれるえぐ味、苦味などのこと。きゅうりではギ酸という成分がこのアクに当たり、緑色の皮のすぐ下にある、水や養分などが流れる維管束（いかんそく）という管の中の液体に多く含まれています。ちなみにヘタを切り、そのヘタを切り口に当ててグリグリとこすり合わせて水洗いするだけで、アク取りが完了！

Ministry of Agriculture,Forestry and Fisheries

野菜のトリセツ

009

「いちごのヘタは、包丁より手でむしることで甘さ&栄養キープ」

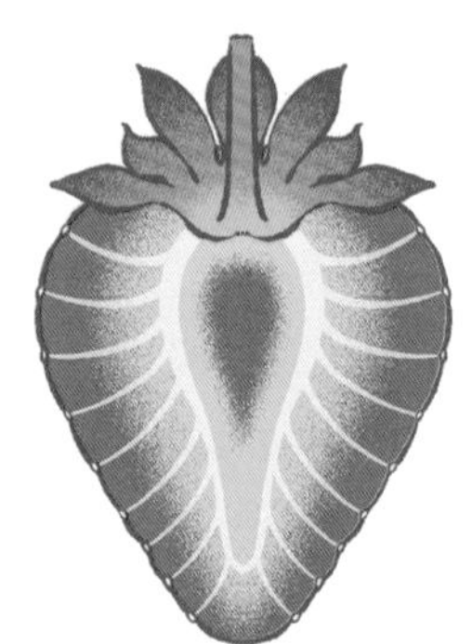

包丁で切って水洗いするのは
美味しさも栄養も垂れ流し状態

水洗い後、包丁でヘタ部分をごっそり切ってしまう人が多いかもしれませんが、それは甘さ＆栄養を無駄にしています。実はヘタの真下と周辺はビタミンＣなどの栄養が集中し、さらに甘味を感じやすい部分。だから、おすすめなのは手でむしること。栄養流出を防ぐためにも、水洗いをしたあとにむしるのも重要なポイントです。

YASAI Column #002

BUZZ MAFF 人気 No.1 YouTuber！野菜に目覚めた男の自炊 Days

外食続きで野菜不足に陥っていた白石さんですが、今ではすっかり野菜のトリコに！「九州野菜を使った料理を作っています」という彼の自炊生活をのぞいてみましょう。

大好きすぎるいちごは即１パック完食！

この日は佐賀県産のいちごさんという品種のいちごを買ったので、夕食前にペロリ。大粒で、甘くて最高です！　もちろん、水洗いをし、食べるときにヘタをむしって、甘み&栄養流出を回避。

「BUZZ MAFF」投稿のお手製からあげ&野菜

野菜に目覚めてから、大好きなからあげにも野菜を必ず付け合わせるように。この日はサニーレタスと熊本県産のミニトマト。からあげも熊本産の米粉を使い、ヘルシー&サクッとした食感に。

生産量が全国２位の宮崎県産ピーマン使用

無限ピーマンは、母親がよく作ってくれていた思い出の味。ひとり暮らしの今も、頻繁に作っています。ピーマンをさっと茹で、ツナ、ごま油、鶏ガラスープの素、塩、こしょうと一緒に和えるだけ。

栄養面も彩りも考えたバランス良い夕食

この日は鮭フレーク、炒り卵、玉ねぎ&そぼろの３色丼に無限ピーマン、きゅうりとトマトともずくの和え物、味噌汁、デザートにはいちご。使った野菜は全て九州産。九州の恵みに感謝！

クリスマスにも作った自慢のクリームシチュー

鶏肉をはじめ、九州産のにんじんなど、具材は大きめに切って、食べ応えを出すのが好き。食べた後、シチューと楽しんでいた赤ワインを床にぶちまけてしまったのは、悲しい思い出です（笑）。

使ったほうれんそうは味が濃い熊本県産！

献立はチーズ入りのチゲ鍋、ほうれんそうと卵の炒め物、コーンバター。使用したほうれんそうは近所のスーパーで買った熊本県産のもの。味が濃くて、美味しい！　次はおひたしに挑戦する予定。

YASAI Column #003

背景ストーリーを知れば、野菜選びが楽しくなる!

九州野菜の生産者さんを徹底取材

熊本県は全国的にも新規就農者が多く、フレッシュな若手農家さんが目立ちます。
そこで、白石さん発信で注目の農家さん＆印象的なエピソードをご紹介。

白石、
感動しました!

奇跡のかぼちゃ物語!

何度もオンライン会議を開いて話し合ったことで生まれたアイデア。被災者支援価格として、1個1,000円と割高ながら、日本全国の消費者の皆さんが購入してくれたそう。「SNSなどで生産者側の情報を積極的に発信する大切さを学びました」（釜さん）

野菜に目覚めた男
白石優生が
レポート!

熊本県芦北町　KAMA FARM
釜博信さん

かぼちゃ、サラダ玉ねぎ、ブロッコリー、スイートコーン、柑橘、米を生産。通販で全国発送も行う。

農家仲間の助けやアイデアで再建

2020年7月の熊本豪雨によって、大きな被害を受けたKAMA FARM。農業機械の倉庫が浸水し、トラックやトラクターなどは全て故障し、樹園地は使いものにならなくなってしまいました。被害額は約2500万円! しかし、そんなKAMA FARMを助けに、熊本県内の大勢の農家仲間が現れました。なかには毎日のように足を運び、土砂の撤去作業を手伝ったり、土砂崩れで道路が通行できないために、船で駆けつけた仲間も。さらに畑に残った出荷可能なかぼちゃを「奇跡のかぼちゃ」とし、ネットで販売すると、用意した1500個が完売! その売上金1500万円を復旧資金に当て、KAMA FARMは再び再建を果たせたのでした。

現在の釜さんの畑

海沿いの温暖な気候や日照時間の長さなど、栽培に適した自然条件により、美味しいかぼちゃに。他にもみずみずしく、甘味の強いサラダ玉ねぎなども育て、人気を得ています。

玉ねぎ作りの現場

熊本県水俣市　耕人舎
吉永紘史さん

作業を手伝うスタッフは、シルバー人材センターから派遣されたり、突然、農園にやってきて仲良くなったおばさんたち(笑)。「サラダ玉ねぎもスタッフも、家族同然のように大切な存在です」(吉永さん)

夫婦で農園を運営し、サラダ玉ねぎを生産。通販サイト「食べチョク」でも販売。

自慢の玉ねぎメニュー

サラダ玉ねぎは甘味が強く、みずみずしいから、生食はもちろん、さまざまな料理に。サラダ玉ねぎと甘夏とグラニュー糖で作るジャムは、販売に向けて開発中。

今では賑やかな農業生活の日々

水俣市内でも、実家とは別の集落に土地を借りたため、就農した当初は周囲から、よそ者扱いされる現実が。しかし、吉永さんの真面目に農業に取り組む姿が認められ、徐々に地域に溶け込んでいきました。今では地元の方々が作業の手伝いをしてくれるまでに。

女子ひとりの農業風景

熊本県山鹿市　kickale
白石ももこさん

機械の
操作もお手の物

作業は基本的にすべてひとり。「幼少時代から続ける少林寺拳法のおかげで、体力には自信あり。経営を上手く回し、女性農家のロールモデルになるのが目標です」(白石さん)

24歳で教師の職を辞め、農業大学に入学。農業の技術を学び、夢だった就農を果たす。

収穫した野菜たち

化学肥料・農薬不使用の自然栽培で、じゃがいもなど、年間約30種類の作物を栽培・収穫。

土地なし・機械なし！でも、夢の農家に転身

幼い頃から農業に興味があり、農家になるのを夢見ていたものの、周囲の反対によって諦め、農業高校の教師に。でも、ある日、生徒から、「先生の夢は何？」と尋ねられ、自分の人生を見つめ直すことになりました。結果、一度は諦めた夢を叶えるべく、農家の道へ。

農水省職員｜FILE #008

さつまいもが長く愛される理由

渡邊さゆりさん
（群馬県出身／農林水産省政策統括官付所属）

2017年入省。大学時代に絶品の干し芋に出会い、卒業論文のテーマにするほど、さつまいもに夢中に。休日はさつまいもスイーツ専門店を巡ったり、オンライン焼きいも女子会を開くなど、さつまいも一色！「BUZZ MAFF」では、さつまいも愛があふれる動画内容はもちろん、さつまいもカラーの衣装も話題。さつまいもアンバサダー協会会員の顔も持つ。

マスクはもちろん
アクセだって
全部さつまいも

さつまいも愛
レポート

さつまいもアンバサダー協会イベントのお手伝い。天皇杯受賞の日本一のさつまいもで作った焼き芋を配布しました。

自宅のキッチンで、さつまいもを水耕栽培。残念ながら成功しなかったので、葉っぱを茂らせて、観葉植物として楽しみました。

さつまいもは苗を5月に植えると、9～10月に収穫可能。これは都内のさつまいも農家さんの畑で収穫をしたときの様子です。

ポテンシャルの高さがピカイチの野菜です！

さつまいもは、江戸時代の飢餓から人々を救ってくれた救世主。しかも、荒れた土地で栄養が少ない過酷な環境で放っておかれるほど、栄養を蓄えようと一生懸命育ってくれる、健気で頑張り屋の野菜です！（涙）　焼き芋をはじめ、大学芋や干し芋などとして楽しめるのはもちろん、粉体としては春雨、冷麺、片栗粉など、液体としては焼酎、アルコール、消毒液などに変身。誰もがきっと、さつまいものお世話になっているのです！　これも多様な品種があるからこそ。品種開発をしてくれた先人に感謝は尽きません。

私が出会った達人

さつまいもカンパニー代表
橋本亜友樹さん

さつまいもの生産・販売から、関連のコンサルティングやイベント企画なども行う橋本さん。さつまいも好きな仲間と芋づる式に繋がれるのも、橋本さんのおかげ！

Ministry of Agriculture, Forestry and Fisheries

さつまいものトリセツ

001

「さつまいもを知るには、“ベニアズマ”と“べにはるか”を知ることから」

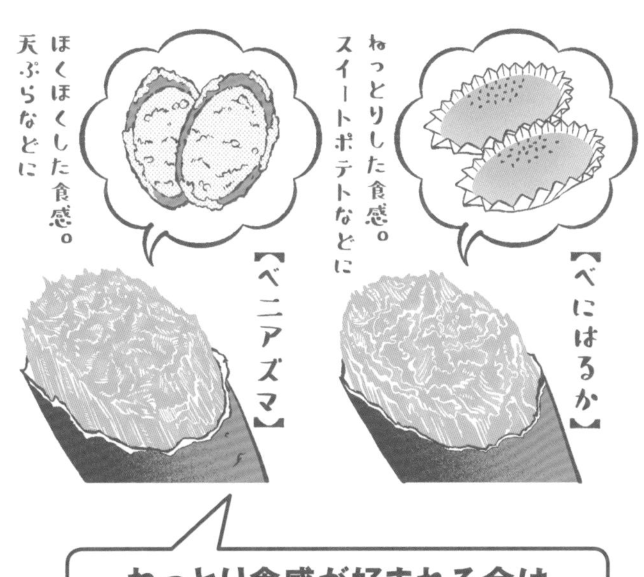

日本における、さつまいもの登録品種は90品種以上。多くの品種が存在する中で、生食用（青果用）として日本でメジャーなのはベニアズマとべにはるか。ベニアズマは1980年代から長年愛されている品種で、ほくほく食感の代表格。一方、べにはるかはねっとり食感で、近年急激に売り上げを伸ばしている品種です。

Ministry of Agriculture,Forestry and Fisheries

さつまいものトリセツ

002

さつまいも

「さつまいもは老化の進行を食い止める」

エイジングケア成分で " 内側からキレイ " が叶います

さつまいもに多く含まれるビタミンEには、老化現象の原因と考えられる過酸化脂質が体内に発生するのを抑制する働きがあり、細胞の老化を遅らせることができます。また、紫の皮部分に含まれるポリフェノールは抗酸化成分で、美肌効果あり！　ビタミンやミネラル、食物繊維が豊富で「準完全栄養食品」ともいわれています。

さつまいもツウのおすすめレシピ

さつまいものニョッキ

Point

さつまいもの自然な甘さがたまらない！ トマトソースやジェノベソースなど、お好みのパスタソースを使って、アレンジも楽しんでみて。

材料（2人分）
焼き芋（中サイズ）…1本
A 薄力粉…50 g
　卵…1個
　粉チーズ…大さじ2

カルボナーラソース
（レトルト）…1パック
＊トマトソースなど、お好みのソースでOK。

作り方
1. 焼き芋は皮をむき、ボウルに入れ、繊維を断ち切るようにフォークで潰す。
2. A を加え、混ぜ合わせる。
3. 打ち粉をしたまな板の上で、2 を棒状に伸ばし、2㎝幅に切る。
4. 沸騰したお湯に塩（分量外）を加え、3 を茹でる。浮き上がってきたら、茹で上がりのサイン。
5. フライパンにカルボナーラソースを入れて温め、4 を加えて絡め、皿に盛ったら完成。

干し芋の豚バラ巻き

材料（2人分）
干し芋…150 g　＊細めの丸干し芋がおすすめ。
豚バラ肉…200 g
塩、こしょう…各適量
サラダ油…適量
焼肉のたれ…大さじ2

作り方
1. 豚バラ肉に塩、こしょうをする。
2. 干し芋に豚バラ肉を巻いていく。干し芋1本につき、豚バラ肉は2、3枚を目安に。
3. サラダ油を熱したフライパンで 2 を焼く。巻き終わりの面を先に焼くと、豚バラ肉が剥がれにくく、キレイな仕上がりに。
4. 焼き色がついたら、蓋をして弱火にして、干し芋の芯まで温まるように蒸し焼きにする。
5. 焼肉のたれを入れ、よく絡め、皿に盛ったら完成。

Point

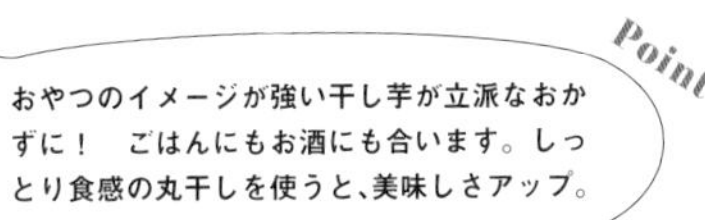

おやつのイメージが強い干し芋が立派なおかずに！　ごはんにもお酒にも合います。しっとり食感の丸干しを使うと、美味しさアップ。

さつまいも

Ministry of Agriculture,Forestry and Fisheries

さつまいものトリセツ

003

「さつまいもは加熱しても ビタミンCをキープできる 優れた食材」

でんぷんがビタミンCを保護してくれる!

さつまいもはビタミンを13種類含み、なかでも健康や美容にいいビタミンCを最も多く含みます。ビタミンCは本来、熱に弱い性質を持ちますが、さつまいもに限ってはその心配なし。でんぷんで保護されているので、加熱しても壊れにくいのです。そのため、煮る・焼く・蒸すなど、どう調理してもビタミンCを効率的に摂取可能。

さつまいものトリセツ

004

「さつまいもを食べて出るオナラは臭くない!?」

肉食の人のオナラのように臭くないのはタンパク質が関係

食物繊維が豊富なさつまいもをたくさん食べると、腸の蠕動（ぜんどう）運動が促され、確かにオナラの頻度は増えるもの。オナラが臭い主な原因は、肉などに多く見受けられるタンパク質を分解したときに発生する硫化水素です。でも、さつまいもはタンパク質の含有量が少なく、発生するのが炭酸ガスなゆえ、あまり臭くないのです。

Ministry of Agriculture,Forestry and Fisheries

さつまいものトリセツ

005

「さつまいもは芽が出ても食べられる」

芽が出てるから食べられないよ〜
さつまいもは大丈夫なのよ★

毒がないから、食べても健康被害の心配は不要!

さつまいもの芽はじゃがいもの芽と違って毒がないので、食べても問題ありません。伸びている場合は、手でプチッと折って取り除けばOK。また、おしり部分が黒くなっていることもありますが、これは腐敗でなく、しみ出した蜜で、甘い証拠。保管は13～15度の冷暗所がベスト。寒さに弱いため、冷蔵庫に入れるのは厳禁です。

話題のさつまいもスイーツ店

創業80余年の味を"いもの街"で

【大学いも・川越いわた 新富町本店】

お取り寄せ可能だから、さつまいも女子会のお茶請けにも

昭和5年に初代が東京都台東区の鳥越おかず横丁で始めた大学いも専門店「いわた」の暖簾を受け継ぎ、三代目店主が営業。「いもをより濃厚に感じられるチーズケーキが大好き」

㊟埼玉県川越市新富町1-8-17 ☎049-298-5164 ㊫10：00～19：00 ㊡水曜 http://iwata-corp.com/

おいもチーズケーキ（180円(税込)～）はプレーン、ごま、ショコラ、黒糖紫いも、季節限定2種類。小江戸スティック（200g・440円（税込））は甘味の強い紅高系を使用。

おいものモンブラン（1,980円（税込））は五郎島金時、安納芋、綾紫芋の3種類。極細のさつまいもペーストの上に、濃厚なカスタードクリームのブリュレがON。

"年中食べられるさつまいも"がウリ

【いもこ】

フォトジェニックなモンブランは味も絶品！

さまざまな地域から厳選したさつまいもを使ったスイーツを提供。「モンブランは必食すべき一品！ 石川県の五郎島金時、鹿児島県の安納芋、綾紫芋の3種類が楽しめます」

㊟東京都目黒区自由が丘2-13-7 ☎03-6421-3377 ㊫11:00～18:00（L.O.17:00）㊡年中無休 https://imokosweetpotato.com/

さつまいも産地の茨城でも有名

【芋やす】

コーヒーと好相性のさつまいもスイーツが充実

2005年に移動販売から始まり、2019年に茨城県土浦市にて店舗オープン。「焼き芋サンドは焼き芋、クリーム、食パンのハーモニーが最高！ 商品によってはお取り寄せも可能」

㊟茨城県土浦市沖新田1 ☎029-846-0240 ㊫12:00～18:30 ㊡月曜 https://imoyasu.store/

焼き芋サンド（594円（税込））に使う焼き芋は最高の甘味のべにはるか。焼き芋クリームブリュレ（275円（税込））はキャラメルのパリパリ食感、クリームのなめらか食感が魅力。

農水省職員｜FILE #009

きのこは下準備が決め手

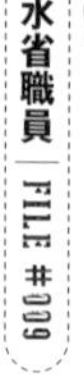

北山勝史さん
（北海道出身／大臣官房 デジタル戦略グループ所属）

2013年入省。父親と地元・北海道の山々できのこ狩りを楽しむ子ども時代を過ごす。進学した農業高校では、椎茸栽培を経験。入省後も、趣味としてきのこ狩りに親しむ。天然きのこを食べるときは万が一の事態に備え、「保健所に提出する用に冷蔵庫にきのこを必ず1本は残し、原因究明に協力する」がマイルール。きのこ料理を毎食食べる、NO KINOKO NO LIFEな人生を送る。

きのこ愛レポート

クリタケは、ほんのり甘くて非常に美味！　きのこ狩り歴の長い私でも、まだ一度しかお目にかかれていないレアなきのこです。

これはベニタケの仲間。面白いハート形をしていたので、思わず写真を。テレワークでは、この写真をビデオ会議の背景にしています(笑)。

お気に入りのタマゴダケ。見た目の美しさ、美味しさ共に不動のマイNo. 1。ちなみに調理をしても、この赤色は消えません。

お腹スッキリ&美肌はきのこのおかげ！

私は毎日きのこ料理を食べるほど、無類のきのこ好きです。きのこは低カロリーなのに栄養満点！　食物繊維がたっぷりなうえに、ビタミンやミネラルも豊富。おかげで、私は便秘知らずで、肌トラブルも皆無です。たくさんの種類のきのこを食べてきた私も日頃、最もよく食べるのは処理の手軽さから、断然しめじですが、見かけたら迷わず購入するのはヒラタケ。昔はしめじの名前で売っていましたが、最近はちゃんとヒラタケという名前に。旨味が強く、ジューシーで歯ごたえもバッチリ！　皆さんも、お気に入りのきのこを見つけてみて。

私が出会った達人

小学校のときの担任の先生

私のきのこ好きを加速させてくれた小学校時代の恩師。授業で山を歩く時間があったのですが、その際に毒きのこの危険性はもちろん、神秘的な世界を魅力いっぱいに教えてくれました。

Ministry of Agriculture,Forestry and Fisheries

きのこのトリセツ

001

「きのこ狩りは木のまわりを円状に探すのがコツ」

**きのこ×木の相性を知ると
より発見しやすくなる!**

きのこ名人が知っていることに「木の根と共生するきのこは、木の根が張っている範囲内に生える」があります。さらに、きのこの種類によっては、輪の形で生えるものも。マツタケがその代表格。マツタケはアカマツという松の木のそばに円状に生える性質があるので、アカマツを探し、その周囲を円状に探すと、発見しやすくなります。

きのこ

Ministry of Agriculture, Forestry and Fisheries

きのこのトリセツ

002

「きのこは水からの調理で旨味がアップする!」

じっくり加熱することで
旨味成分を引き出せます

鍋やスープを作るとき、沸騰したお湯にきのこを入れる人は多いのでは？　でも、きのこの旨味成分であるグアニル酸などを最大限に引き出したいなら、水から入れるのが正解。きのこは60～70℃の温度帯をゆっくり通過させることで、旨味がどんどん引き出されるのです。だから、水からじっくり加熱し、きのこの旨味を味わって。

きのこのトリセツ

003

「干し椎茸は真空容器で戻すと時短になる」

「しっかり浸水+圧力」なら3時間以内に戻せる!

干し椎茸はボウルに入れた水で、半日〜1日かけて戻すのが一般的。でも、密閉容器を使えば、干し椎茸が水にしっかり浸かるから、3〜5時間で戻せます。空気が抜けるタイプの真空容器なら、圧力がかかり、さらに時短に。すぐ使ってもいいですが、冷凍するのも◎。汁ごと一緒に鍋へ入れれば、美味しさを丸ごと使えます。

Ministry of Agriculture,Forestry and Fisheries

きのこのトリセツ

004

「きのこは紫外線に当てるとビタミンDが増す」

調理前の日光浴で栄養価をアップさせて

日陰で育つ印象が強いきのこですが、椎茸などは日の光が大好き。日光浴をさせると、エルゴステロールという物質がビタミンDに変換され、その量が約10倍にもなるといわれています。石づきを取り除き、適当なサイズにしたら、ザルやカゴに重ならないように置き、風通しのよい場所で日光浴を。調理前の30分〜1時間で十分です。

KINOKO Column #001

365日きのこを食べる北山さんの1週間ごはん日記

「愛するきのこを美味しく食べる」を人生の楽しみにしているといっても過言ではない北山さん。もちろん、自炊でも外食でも、きのこ三昧でした。

DAY 1

電子レンジを使って時短&簡単調理!

この日は、焼いたラム肉がメイン。もちろん、エリンギメニューもプラス。手で裂いたエリンギを電子レンジで加熱し、ポン酢をかけるだけのお手軽かつヘルシーで美味しい一品です。

DAY 2

旨味あふれるきのこソースはおすすめ

牛肉を焼くときによくやるのが、きのこソース！　オイルを熱したフライパンで、お好みのきのこをソテーし、醤油を入れるだけですが、旨味たっぷりで、食べ応えも出ます。

DAY 3

ラーメンの具も“きのこ”が当たり前

自宅で作るラーメンも、きのこまみれにするのが北山流（笑）。このときは、たっぷりのしめじ×ほうれんそうのソテーをドッサリのせました！　きのこは何を入れてもOKです。

DAY 4

＋しめじソテーで満腹感アップ！

ステーキの付け合わせには生のざく切りキャベツ、ソテーしたしめじを。大振りなサイズで食べ応えがあったので、この日はごはん無しでも十分お腹いっぱいになりました！

DAY 5

ハマり中のマッシュルームトースト

生マッシュルームが売っていたので、迷わずゲットした日。食パンにスライスしたマッシュルームとチーズをのせ、香ばしくトースト。シンプルですが、激うまです。

DAY 6

外食でも“きのこメニュー”が定番

もちろん、外食でもきのこメニューをセレクトします。このときは都内の某居酒屋で。トキイロヒラタケやヤナギマツタケなど、物珍しいきのこが食べられ、大満足でした！

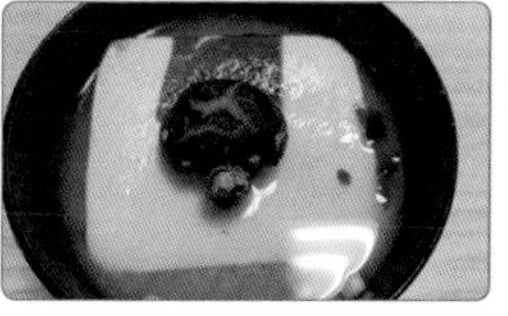

DAY 7

味噌汁にも干し椎茸を投入！

ミニ干し椎茸は水につけて戻したら、冷凍庫にストックしておき、いつでも食べられるように。それを高野豆腐と一緒にインスタントの味噌汁に入れた、お気に入りの一杯です。

農水省職員｜FILE #010

間違いだらけのりんごの食べ方

2009年入省。農水省入省前は長野県で、普及指導員として、県内の北信地域での果樹の振興、佐久地域の野菜や果樹の振興に務める。果樹全般が好きだが、りんごはときには1日5、6個も食べてしまうほど大好き。「皮をむくのが面倒」と敬遠されることもあるが、毎年旬にはいち推しのりんごを大量に皮むき、カットまでして職場に差し入れし、地道に普及に励む。

小口悠さん（長野県出身／食料産業局所属）

りんごって
生活習慣病予防
にも効果的ですよ

りんご愛
レポート

私が好きな品種のひとつの秋映（あきばえ）は黒っぽい皮が特徴。ちなみに皮のべたつきや食感が気になるときは、皮をむいて食べることも。

生産者さんの農地で写真に撮った、もぎたてのシナノゴールド。食感が固めで、酸味も強め。りんごツウの人に合う品種です。

実がたわわとなった、りんごの木。ぴかぴかのりんごを見るたび、生産者たちの1年間の丁寧な作業が目に浮かび、感動します。

もぎたてのりんごは感動ものの美味しさ！

過去に長野県で普及指導員として、農業振興に携わっていましたが、長野県北信地域の農業の根幹が「りんご」であり、その理解が私の農業技術者としての第一歩でした。果樹の中でも特にりんごは栽培技術、とりわけ剪定（せんてい）の技術が複雑で、まさに職人が作る果物。沖縄県を除いた46都道府県で、りんごが作られていると聞いたことがありますが、技術を求められ、生産者によって、品質に差が大きく出やすい果物です。一番美味しいのは産地でもぎたてを食べること。皆さんにもぜひ、機会があれば、産地で味わってほしいです。

私が出会った達人

長野県のりんご生産者の皆さん

長野県中野市の荻原安治さんはりんごの剪定技術や理論を教えてくださいました。私が知る中で最もりんごを愛するりんごマニアです。古幡芳明さんは山ノ内町のりんごの剪定名人・育種家としても有名。つがる系統の芳明を開発した方です。同じく山ノ内町の宮津文麿さんからは生産から加工、観光との連携に至るまで、さまざまなことを学ばせていただきました。

Ministry of Agriculture,Forestry and Fisheries

りんごのトリセツ

001

「りんごの蜜は甘くありません」

蜜は果糖のように甘くありません。蜜なしでも甘いりんごは多々存在!

蜜が入っていない＝美味しくないとガッカリする方、それは誤解です！　そもそも、蜜の正体は果糖などの甘味成分になりきれなかったソルビトールで、これ自体はそんなに甘くないのです。蜜入りりんごは確かに甘いですが、品種や栽培環境によって、蜜が入らない美味しいりんごもたくさんあることを知りましょう。

Ministry of Agriculture, Forestry and Fisheries

りんごのトリセツ

002

「りんごは買ったら すぐに冷やすべし」

暖かい場所での保存では すぐに味を損ないます

「日が当たらない、涼しい部屋なら大丈夫だろう」と、りんごを常温で保管する人もいますが、りんごにとっては十分暑すぎ！　こんな環境では呼吸をしたり、エチレンガスを出してすぐに食味が低下し、粉質化して食感も悪くなります。買ってきたら即冷蔵庫へ。ビニール袋や濡れ新聞で包むと、さらに長期間保存できます。

Ministry of Agriculture, Forestry and Fisheries

りんごのトリセツ

003

「りんごは血糖値の上昇がゆるやか」

血糖値を急上昇させないから生活習慣病予防にも効果あり！

りんごは「1日1個のりんごで医者いらず」と言われるほど、栄養満点！　ペクチンやセルロースなどの食物繊維が多く、便秘解消の他、食べても血糖値が急激に上がらないため、生活習慣病の予防に効果があるといわれています。歯ごたえがよく、水分もたっぷりで、満腹感も持続しやすいため、食前に食べれば、食べ過ぎ予防にも。

Ministry of Agriculture, Forestry and Fisheries

りんごのトリセツ

004

「テカテカはワックスではなく栄養成分がにじみ出たサイン」

正体は"栄養成分"です！
食べごろの印だと考えて

皮が光っていると、人工的なものと思って買うのを躊躇(ちゅうちょ)する方もいるのでは？　でも、これはリノール酸やオレイン酸といった栄養成分が内部からにじみ出ているもので、食べごろの印。秋映などの品種は特に分泌が多く、持つと滑って落としてしまうことも。気になる方はキッチンペーパーなどでよく拭いてから食べて。

まだまだ知りたい！
りんご博士、教えて！Q&A

Q1
毎年、お取り寄せするりんごはありますか？

A

農家さんから旬の時期にお取り寄せ

毎年、10月〜11月に信頼する長野県のりんご農家さんから、シナノゴールド・シナノスイート・秋映をお取り寄せしています。自宅の他、職場にも毎年ダンボール4箱(40kg)程度を差し入れていますが、ほとんどを自分が食べている気が（笑）。

Q2
りんごを簡単に美味しく食べる方法はありますか？

A

便利グッズを賢く使い、切る＆皮むきします

りんごカッターや皮むき器を使うと、手軽に食べられます。りんごカッターは以前、長野県の全農が制作・企画したもので、市販の商品より大きめサイズの特大りんごにも対応可能。新鮮なりんごは皮をむかず、このカッターで切って食べています。

Q3
赤りんご、青りんご、黄りんごは何が違うんですか？

A

皮の色は色素の種類と含有量で変わるもの

ポリフェノールの一種であるアントシアニンが多いと赤に、葉と同じ緑色のもとのクロロフィルが多いと緑に、これらの色素が少ないと、地色のカロテノイド系色素の色で黄色くなります。このように品種ごとに色にも個性が出るのです。

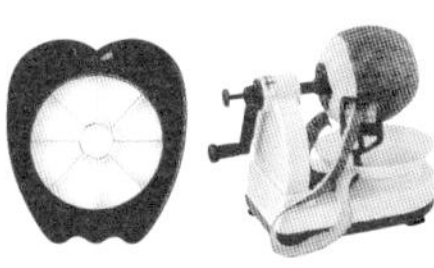

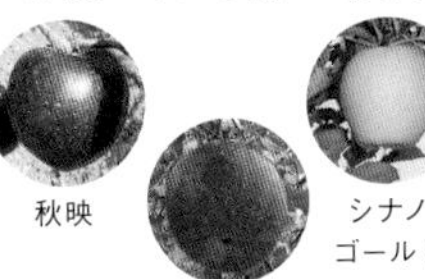

秋映

シナノスイート

シナノゴールド

りんご界の新生

「シナノリップ」

2018年販売の長野県発の品種

「味が落ちるといわれがちだった夏りんご。でも、これは驚異的に美味しい！」と、小口さんが太鼓判を押すシナノリップ。日持ちしない夏に出荷されるりんごでありながら、遠方にも美味しく届くというシナノリップについて、農家さんに話を聞きました。

作っているのは…

成田屋 店主
成田崇夫さん

19年かけて開発された長野県オリジナル品種

長野市内で4代にわたり、りんごの直売所＆農園を営む成田さん。「シナノリップは酸味と甘味の両方を持ち合わせ、標高に関係なく色づきもよいため、消費者にも生産者にも嬉しいりんごです」

㊟長野県長野市赤沼1913-2（直売店） ☎026-296-9546
㊑9:00〜17:00 ㊡不定休
http://naritaya.p-kit.com/

鮮やかな真っ赤な色がトレードマーク。2019年には大雨洪水被害に遭うも、シナノリップの木は無事に残り、翌年はしっかり実をつけたそう。

農水省職員 | FILE #011

チーズは虫歯予防に効く

冷蔵庫は国産ナチュラルチーズでいっぱい!

1989年入省。仕事と育児の両立を模索するうちにチーズと出会う。C.P.Aチーズプロフェッショナル、CAFA®フロマジェ（第3回全日本最優秀フロマジェ選手権大会ファイナリスト）。現在では、チーズ関連の検定講師やコンクール審査員としての一面も。2020年に情報・交流サイト「お家ぃず」（https://oucheese.com/）を始動。HACCP普及指導員（公社 日本食品衛生協会）。

寺本（露口）粧子さん
（愛知県出身／林野庁森林整備部所属）

味わい深い国産ナチュラルチーズ。全国各地の生産者さんたちの想いあふれる味に魅了されます。

日本のナチュラルチーズと、中国茶、点心のペアリング会を行ったときのひとコマ。

チーズの個性や魅力を引き立てるチーズプラトー（盛り合わせ）で誰かを笑顔にするのはとっても楽しい！

チーズ愛レポート

すっかり日本産ナチュラルチーズのトリコになりました

チーズは栄養豊富で風味も豊か。育ち盛りの子どもからシニアまで食べられる魅力的な食品ということもあり、食卓に上る機会が自然と増えていきました。いつも身近にいてくれたチーズに「恋」をしたのは、作り手さんの人柄が伝わる深い味わいや、チーズに込められた想いを感じる日本産ナチュラルチーズに出会ってから。数あるチーズの中から好みを選ぶのが難しいと思う方もいるかもしれませんが、ポイントを押さえたら簡単。ぜひここで紹介するトリセツを参考にしてみてください。また、私が信頼する5人の職人さんもご紹介します。

私が出会った達人

①那須高原の今牧場チーズ工房の髙橋ゆかりさんは、本場イタリアに認められたチーズ作りの名手。
②CHEESE STANDの藤川真至さんは東京・渋谷で新しいスタイルに挑戦されるチーズ職人。
③長野県のBosqueso Cheese Lab.の是本健介さんは、元F1エンジニア。土地の特色を活かす達人。
④広島県の三良坂（みらさか）フロマージュの松原正典さんは、幸せなミルクの味がするチーズ作りの先駆者。
⑤宮崎県ダイワファームの大窪和利さんは、チーズは作り手さんの味がすると気づかせてくれた方。

Ministry of Agriculture, Forestry and Fisheries

チーズのトリセツ

001

「"醍醐味"という言葉の語源はチーズだった!」

チーズはその昔、天皇や上流階級の人たちが好んだ健康食品

日本に最初に伝わったのは、牛乳を煮詰めて固めた「蘇(そ)」というもので、それを発酵させたのが「醍醐」。これがチーズのようなものであったといわれています。酪農に理解があり、チーズが大好物だった醍醐天皇は「醍醐」を自分の名前にしたという説も。また、「醍醐」から味わい深いという意味の「醍醐味」が生まれたそう。

Ministry of Agriculture,Forestry and Fisheries

チーズのトリセツ

002

「チーズは種類によって保存方法が違うんです」

チーズはなんだってラップして
冷蔵庫に入れたらOK!!
NG!

まず大きく２種類の
違いを押さえましょう!

チーズの扱いは難しいようで案外シンプルです。まずは、表示を見て、プロセスチーズかナチュラルチーズかをチェック。プロセスチーズと表示されていたら基本的には購入時のパッケージのまま冷蔵庫へ。ナチュラルチーズの場合も冷蔵庫で保存しますが、購入時の状態や種類によって異なります。詳細は左ページをご覧ください。

覚えておきたい ナチュラルチーズの保存方法

農水省のホームページによれば、ナチュラルチーズは7種類。ナチュラルチーズ初心者の方は、クセがあまりないセミハードタイプなどから試してみては？

① フレッシュタイプ

特徴　ミルクの風味や爽やかな酸味を感じるものが多く、水分多めで柔らかく穏やかな味わい。

保存方法　熟成させていない作り立てのタイプ。鮮度が美味しさを左右するので、保存しようと思わず買ったらすぐに食べましょう。賞味期限に関わらず、早めに食べ切るのがおすすめです。

② シェーヴルタイプ

特徴　ヤギのミルクで作られたチーズ。爽やかな酸味があり、熟成が進むと旨味が増してきます。

保存方法　シェーヴルは蒸れると獣臭が強くなるので、保存時はラップではなく、クッキングシートなどの紙に包んで。冷蔵庫の中で乾燥気味にさせることを意識するのがポイント。

③ 白カビタイプ

特徴　カマンベールなどが代表。熟成が進むと口溶けよく濃厚な味わいに変化します。

保存方法　食べかけを保存するときは、切り口に折りたたんだアルミホイルなどを当てます。さらに購入時の内包装紙やクッキングシートに包み直し、木箱などに戻して乾燥から守り、冷蔵庫へ。

④ ウォッシュタイプ

特徴　独特のスパイシーな香りと、塩味や旨味がしっかりしているのが特徴。燗酒との相性も◎。

保存方法　湿り気を好むので、冷蔵庫で保存する際は密閉容器に入れて他の食品へのニオイ移りを防ぎつつ乾燥から守りましょう。濡らしたパセリやレタスの葉を一緒に容器に入れるのもテク。

⑤ 青カビタイプ

特徴　ゴルゴンゾーラやロックフォールなどが有名。塩分が高めでシャープ、ピリッとした味わい。

保存方法　青カビは光に弱く酸素を好む性質。ラップやクッキングシートに包んだ後、さらにアルミホイルで包んで冷蔵庫へ。水分が出やすいので、保存中は時々包み替えをするのも大切。

⑥ セミハードタイプ

特徴　ゴーダなどが代表的。プロセスチーズの原材料になるものもあり、家庭料理に使いやすい。

保存方法　クッキングシートなどで覆ってから、ぴったりとラップに包んで冷蔵庫に。食べるときはチーズの表面をナイフなどで削ぎ取ると、いい香りが戻って美味しく食べられます。

⑦ ハードタイプ

特徴　映画『トムとジェリー』に登場する穴空きチーズ（エメンタール）や、コンテが代表。

保存方法　雪深い山岳地方で冬の間の保存食として誕生したチーズなので、保存しやすいのが嬉しい。保存方法や食べ方はセミハードタイプと同様。ぜひ削って香りごと楽しんで。

Ministry of Agriculture,Forestry and Fisheries

チーズのトリセツ

003

「サラダと一緒なら完全栄養食にパワーアップ」

サラダやフルーツで不足している
ビタミンCや食物繊維をプラス!

チーズはタンパク質や脂肪、カルシウムなどが含まれ、とても栄養豊富。牛乳１杯（200㎖）分の栄養を、チーズ20ｇで摂れてしまいます。ただ、チーズにはビタミンＣと食物繊維が含まれていないため、サラダやフルーツと一緒に食べてフォロー。「桃モッツァレラ」が流行りましたが、あれは栄養面でも理にかなった楽しみ方です。

チーズの簡単&華やかレシピ

Point

手軽で美味しい一品。炒めたベーコンや胡桃などを一緒にのせて焼いたり、ハチミツを垂らすのもおすすめの食べ方！

季節野菜とシェーヴルのトースト

材料（1人分）
シェーヴルチーズ…約30g
ごま入り全粒粉のスライスパン…3切れ
季節の野菜…適量
塩、黒こしょう、オリーブオイル、レモン果汁、バルサミコ酢…各適量
※パンと野菜はお好みのものでOK。

作り方
1. パン1切れにつき、シェーヴルチーズを10g程度ずつのせ、チーズがスフレ状になるまでオーブントースターで焼く。
2. 季節の野菜を食べやすい大きさに切り、皿に盛り付ける。
3. 1を皿に盛り付け、2に塩、黒こしょう、オリーブオイル、レモン果汁、バルサミコ酢をかけたら完成。代わりにお好みのドレッシングをかけてもOK。

モッツァレラのフルーツサラダ

材料（1人分）
モッツァレラチーズ…1個（約100g）
季節のフルーツ…適量
リーフレタス…適量
お好みのハーブ…適量
オリーブオイル、レモン果汁…各大さじ1
塩、黒こしょう、ハーブ…各適量
※チーズの量はお好みで調整可。

Point

カラフルなサラダは食卓が一気に華やぎます。専門店などで日本の生産者さんのモッツァレラを見かけたら、ぜひ試してください。

作り方
1. モッツァレラをひと口大にちぎっておく。包丁で切ったほうが見栄えはよいが、ちぎるほうが味のなじみがよい。季節のフルーツはひと口大に切り、リーフレタスも適当な大きさにちぎっておく。
2. ボウルに1とハーブを入れ、オリーブオイル、レモン果汁、塩、黒こしょうで和え、皿に盛り付けて完成。お好みでハチミツやバルサミコ酢、レモンや柚子などの皮をすりおろしてかけても美味しい。

Ministry of Agriculture,Forestry and Fisheries

チーズのトリセツ

004

「チーズは歯を守ってくれる」

世界保健機構（WHO）も認めているチーズの健康機能です

チーズを食べることによって口中pHが下がりにくくなるという説や、チーズに含まれるリン酸カルシウムなどが、歯の表面のエナメル質をコーティングし、酸化した歯を修復する働きがあるとの報告も。また、ハードタイプなどの硬めのチーズを食べるとき、よく噛むことで唾液中の抗菌成分が虫歯を予防するという説もあります。

初心者さん必見!

チーズのプロ教えて! Q&A

Q1
もしチーズに
カビが生えたら
どうする?

A

カビの生えている部分を削れば食べられる!

発酵食品であるチーズ。ナチュラルチーズは保存中に、白カビチーズや青カビチーズ以外のカビが生えることがあります。食べても問題のないカビもありますが、迷った場合は削るなどして取り除くほうが無難。取り除けば食べてOKです。

Q2
チーズを食べても
お腹がゴロゴロ
しないのはなぜ?

A

牛乳に弱い人でも安心ですよ!

チーズはミルクを酵素や乳酸菌などの作用で固め、ホエイ（乳清）を分離したもの。このホエイを分離することで、お腹のゴロゴロの原因・乳糖の大半が排出されます。牛乳を飲むとお腹の調子が悪くなる「乳糖不耐症」の人が食べても安心です。

Q3
ダイエット中でも
チーズを
食べてもいい?

A

脂質が少ないものならカッテージチーズ

チーズは栄養面に優れているので、ダイエット中でも上手に取り入れていただきたい食品。たとえば、フレッシュタイプのカッテージチーズは原材料が脱脂乳なので、カロリー控えめです。カロリーが気になる人は、カッテージチーズを選んで。

Q4
チーズを使った
おすすめの
おかずは?

A

発酵食品や発酵調味料と相性良し!

油揚げの中に納豆とチーズを入れて焼いたり、細かく刻んでかつお節と一緒に醤油で和えておにぎりの具にしても。発酵食品であるチーズは、同じ発酵食品や発酵調味料と好相性。どのレシピも、プロセスチーズをはじめ、お好みのチーズでOK。

Q5
チーズを食べる
ときに必要な道具ってある?

A

専用のナイフを使うと切り分けやすい

白カビタイプやウォッシュタイプなどの柔らかいチーズは、穴が開いているオメガナイフ（右）が抵抗が小さく、カットしやすいです。さらに抵抗が小さいハンドリナー（左）は、繊細なシェーヴルや崩れやすい青カビタイプをカットするのに重宝。

農水省職員 | FILE #012

進化が止まらない日本茶

実はお茶って最高にカッコいいし、面白い！

2016年入省。高校の部活動で茶道と出会う。大学時代には、着物や伝統工芸の職人などの茶人が集まる京都の大徳寺で稽古を続け、お茶の世界に心酔。宇治茶同好会を主宰、茶樹の研究など、お茶漬けな生活を送る。入省後は、霞ヶ関でお茶を楽しむイベントの企画や伊藤園のオンラインイベントにゲスト出演し、お茶の魅力を伝えている。「BUZZ MAFF」の日本茶チャンネルも大好評。

梅村崇さん
（兵庫県出身／内閣府知的財産戦略推進事務局併任出向）

日本茶愛レポート

大学時代、飲んだお茶の産地を当てる茶香服大会に参加し、お茶の深みにさらにハマりました。写真は団体優勝したときのもの。

休日、友人とのごはん会でお茶を入れることも。後ろにいるのはさつまいもマニアの渡邉さん。海外旅行や登山にもお茶セットは持参！

静岡で購入したお茶の苗木。さえあかりという品種で、自宅のベランダで育て中。新芽は柔らかくて、眺めていると食べたくなります（笑）。

お茶を飲んでひと息つく時間が優しさを作ってくれる

私の実家では夕食を食べた後にお茶の時間がありました。家族が煎茶を入れてくれて、その日あったことを気ままに話す。それがほっこりと人と人をつなぐ場になる、お茶っていいものだなと感じた原体験です。私は煎茶も抹茶もほうじ茶も好きなのですが、茶道をきっかけに、着物や茶道具、和食にも興味が。お茶は他の物事との結びつきから知らなかった世界を見せてくれました。そして、忙しいときに気持ちを切り替え、心が苦しいときも少しだけ和らげてくれる。そんな風に優しい気持ちをお茶が作ってくれているのかもしれないです。

私が出会った達人

マルシゲ清水製茶
清水聖一さん

農村研修で、1カ月一緒に茶畑で仕事をした通称・聖ちゃん。安全第一、無理せずマイペースに黙々とこなす、ストイックな仕事ぶりはカッコいいです！

Ministry of Agriculture,Forestry and Fisheries

日本茶のトリセツ

001

「お茶に浮かぶホコリのようなものは美味しいサイン!」

ホコリのようなものの正体は新芽についている産毛

お茶の葉は成長するにつれ、葉っぱについている産毛がとれていきます。新芽のときに刈り取って作られたお茶には、この産毛である「毛茸」が自然と多く入り込みます。お茶の葉は、若いほうが柔らかく旨味があるので、お茶を入れたときに「毛茸」が浮いてくるのは、いいタイミングで刈り取られたお茶ということなのです。

日本茶

Ministry of Agriculture, Forestry and Fisheries

日本茶のトリセツ

002

「急須とお湯がなくても お茶は入れられる」

茶こしとコップでお茶を こすことができれば OK

急須を持っていない方、使うのが面倒だなと思う方は、コップに茶こしをセットすれば、急須がなくてもお茶を入れられます。最近では茶こし付きマグカップもよく目にするので、そちらを利用しても。また、水出し茶もおすすめなんです。水の場合は、冷蔵庫でじっくり時間をかけて抽出することが美味しくなるコツです。

ひとり暮らしの方にも！

グラスと急須、茶こし付き。茶殻が捨てやすく、見た目も◎。伊藤園　Ocha SURU? Glass Kyu-su 02　2,970円(税込)／CHAGOCORO https://www.chagocoro.jp/shop

Ministry of Agriculture,Forestry and Fisheries

日本茶のトリセツ

003

「お湯の温度変化で同じ茶葉を何通りも楽しめる」

キリッとしたい、癒やされたい…そのときの気分で調整を

お茶の渋み成分は高温だと抽出されやすく、85℃に近づいていくと葉から渋みが出てくる勢いがぐっと上がります。渋めのお茶を飲んで、気持ちを引き締めたいときは熱いお湯で。疲れをほぐしたいときは渋みがあまり出ないように、湯呑みにお湯を移して温度を下げてから入れるのがおすすめです。気分や時間帯に合わせて変えてみて。

Ministry of Agriculture,Forestry and Fisheries

日本茶のトリセツ

004

「お茶とコーヒーには共通点がある」

ブレンドとシングル、産地や品種を飲み比べて楽しめる

お茶にはコーヒーと同じくブレンドとシングルがあります。普段、私たちが飲むお茶の多くがブレンド茶で、バランスのとれた味が特徴。一方、最近話題なのがシングルオリジン。単一農園による単一品種のお茶のことで、より深く茶葉を知りたいツウ向けです。また、産地による違いを楽しめるのもコーヒーとの共通点です。

Ministry of Agriculture,Forestry and Fisheries

日本茶のトリセツ

005

「ほろ酔いで飲むお茶はまた格別である」

「茶事」でも証明されている大人の贅沢時間

「茶事」はいわば、お茶のフルコース。懐石料理を食べ、日本酒を飲み、和菓子を食べて、最後に濃厚な抹茶を飲む。抹茶茶碗にお湯を注ぐ瞬間にはなたれるいい香りはまさに至福の時間です。だからこそ、お酒でゆるく酔った後は、あたたかいお茶を飲んで、まったりと。日常の中でも極上のリラックスタイムを味わえます。

知識が深まる日本茶 Bar

お茶のカクテルを提供してくれる、日本茶Barがひそかなブームに。カウンターでティーカクテルをいただくとまた気分が上がります。日本茶Barは都内だと渋谷や表参道などにあり、クールな日本茶の世界を教えてくれます。

【カネ十農園　表参道】

お店の顔である「カネ十煎茶」をまずお試しあれ

牧之原の茶園から届く日本茶の体験型ティーサロン。季節限定のお茶を使ったオリジナルティーやスイーツを楽しめます。

㊟東京都渋谷区神宮前 4-1-22
☎ 03-6812-9637　㊢11：00〜18：00　㊡月曜、第1･3火曜　https://kaneju-farm.co.jp/

【GEN GEN AN幻 in 渋谷】

スタンドスタイルで楽しむスタイリッシュなお店

お茶の美しい味わいとエナジードリンクのような力強さを味わえます。渋谷の街と一体化したお店の雰囲気も素敵。

㊟東京都渋谷区宇田川町 4-8 1F　☎なし
㊢12：00〜19：00　㊡月曜
https://en-tea.com/pages/gengenan

もっと好きになる！
お茶との付き合い方

基本を押さえたところで、もっとディープなお茶の世界をご紹介します。気分に合わせてお茶を選んだり、「飲む」以外で活用できれば上級者！

シーンに合わせて組み合わせを考える　1

朝に飲むといいお茶、リラックスしたいときにぴったりなお茶など、シーンごとの「おすすめ茶」と、さらにお菓子の組み合わせもご紹介。

ちょっと疲れたとき

棒茶の香りに味が加わって、骨身に染みる一杯です。上品な甘さの干菓子で癒やしのひとときを。

【 狭山白棒茶　鬼の白骨 】
奥富園

お茶の茎を「骨」と呼ぶことが商品名の由来。「ほうじ茶と煎茶を合わせ持ったような、絶妙なバランス」540円（税込）／奥富園　☎04-2959-4789

×

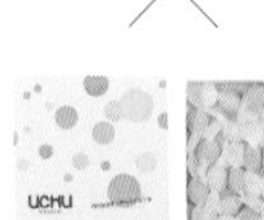

【 ochobo 】
UCHU wagashi

見た目でも楽しめる正統派の和菓子。「モダンで可愛らしい干菓子にほっこり」。1,180円(税込)／UCHU wagashi寺町本店☎075-754-8538

ご褒美タイムに

じっくり湯冷ましをして、ぬるめのお湯でとろりと入れて飲みたい。ねっとり美味しい丸干し芋と一緒に。

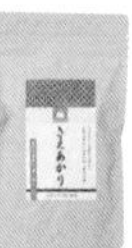

【 かぶせ茶　さえあかり 】
マルシゲ清水製茶

甘味と旨味に上質さを感じるシングルオリジンのお茶。「とうもろこしのような甘い香り」702円（税込）／マルシゲ清水製茶　☎059-329-2611

×

【 べにはるか丸干しいも（茨城県産）】
ほしいもの百貨

「さつまいもマニア、渡邊さんおすすめの逸品！　濃厚な甘さです」500ｇ2,592円(税込)／ほしいもの百貨 https://www.hoshiimono100ka.com

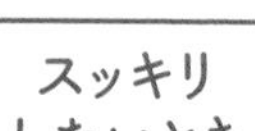

90℃くらいのお湯で短時間で入れるとさっぱりした味わいに。柑橘系のドライフルーツもマッチ。

【 嬉野釜炒り茶　唐仙 】
徳永製茶

嬉野伝統の味。香ばしくてさらっと飲めます。「リモートワーク中の気分転換にも最適です」1,080円(税込)／徳永製茶　☎0954-42-0560

×

【 輪ぎりレモン、ひとくちはっさく 】
南信州菓子工房

国産果実の美味しさを堪能。「さわやかな味わいが気持ちを切り替える手助けに」各205円(税込)／南信州菓子工房 http://www.373shinshu.com/

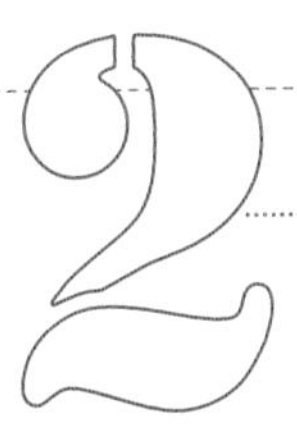

飲むだけではない！ お茶をいろいろ使ってみる

少し古くなったお茶や飲み終わったあとのお茶も、最後まで美味しく楽しんでみては？　活用テクをお伝えします。

① 簡単佃煮

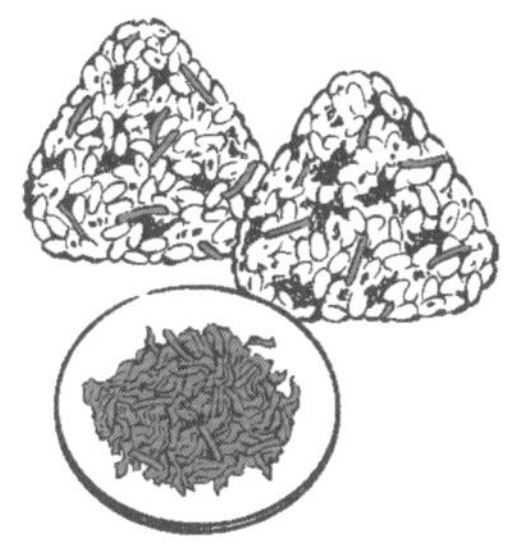

高級な茶葉は柔らかいものが多く、佃煮に最適。砂糖と醤油で優しく煮込んで。玉露やいい煎茶が手に入ったら、飲むのを楽しんだ後にトライを。

② お茶パスタ

ちょっと古くなった抹茶を料理に使うのも手。粉を振りかけたり、生クリームに溶かしてソースにしてみて。旨味がプラスされ、彩りもよくなります。

③ 抹茶パウンドケーキ

パウンドケーキに抹茶をたっぷり入れて食べるのも好きです。冷蔵庫で眠らせている抹茶があれば、大胆にお菓子作りに使うのがおすすめです！

④ 畳にまいて掃除

高級なお茶は食用アレンジへ。普段使いのお茶は、飲み終わって成分が抜けたら硬くしぼって畳に。ホコリをからめとってくれ、抗菌作用もあります。

農水省職員｜FILE #013

家庭料理に合う日本ワイン

ワインの中でも日本ワインに注目中です！

柳澤洋喜さん

（東京都出身／消費・安全局畜産安全管理課所属）

2012年入省。高校時代に見たソムリエが主人公の漫画で、ワインの仕事に興味を持つも、大学は獣医学部へ。入省後に大分県のぶどう農園に研修に行き、日本ワインのポテンシャルに気づく。ワインの造詣を深めるべく、ワインエキスパート、SAKE DIPLOMA、日本ワイン検定1級を取得。「BUZZ MAFF」では、獣医師の顔を持つ〝わいん官僚〟として活動。

大分県の研修先では、毎年ワイン祭りを開催。私も売り子としてお手伝いします。

妻とワインイベントへ。お酒の強さや経験は妻のほうが上。頼りになります。

我が家のセラーは、中古で買ったワイン専用の冷蔵庫（笑）。勉強のために、常時10～20本は保管中です。

ワイン愛レポート

私が出会った達人

しどせんしゅうさん

私のワインの先輩。書籍制作で全国のワイナリーを回る旅に同行。私自身も多くの現場の実状を肌で感じることができました。

安心院（あじむ） 小さなワイン工房
和田拓也さん

ハム職人で、ワイン素人だったのにイチから修業をした和田さん。めげずに努力を重ね、自分の味を作り上げたのがすごい！

最近は幅広い品種から多様な味わいのワインが誕生

日本ワインとは国内栽培のぶどう100％&国内醸造のワインのことです。日本を代表する白ワイン用品種の甲州、赤ワイン用品種のマスカットベリーAなどの日本固有の品種はもちろん、米国系品種との交配種、さらにシャルドネやメルローなどのヨーロッパ系品種もあり、北海道から九州まで多様な日本ワインが味わえるようになりました。ちなみに私は甲州種から作る白ワインに、日本風土特有のミネラルや旨味を感じます。そして、日本ワインのおすすめの飲み方は和食とのマリアージュ。皆さんもぜひ、日本ワインの美味しさを発見してみてください。

Ministry of Agriculture, Forestry and Fisheries

日本ワインのトリセツ

001

「ワインには アンチエイジングの他にも さまざまなパワーがある」

**シミやしわ、体臭予防、
さらには腸内を整える効果も!**

私自身はマリアージュの楽しさとリラックス効果を好み、ワインを飲んでいますが、一般的にワインが持つ健康や美容効果は広く知られています。赤ワインは抗酸化作用により、シミやしわ、体臭予防に効果的。白ワインは基本的にぶどうの皮と種を入れず、果汁のみを発酵させるので、有機酸が多く、腸活によいといわれています。

Ministry of Agriculture, Forestry and Fisheries

日本ワインのトリセツ

002

「日本ワインの美味しさが年々加速!」

日本のワインはどうも薄くてな〜
いつの時代の話をしてるんだよ!

企業努力で美味しさアップ。固定概念が覆る可能性大

日本ではワイン用ぶどうを専門に栽培する生産者が増え、醸造技術の高い国内の大手ワイナリーや海外のワイナリーで学んだ醸造家が技術を広めるなど、以前よりも確実に美味しさのレベルが底上げされています。味のバリエーションも増えているので、日本ワインに薄いという印象を持っている方も飲んでみる価値あり!

「日本ワインは家庭料理との相性が抜群である」

今日は肉じゃがだからワインにしようか？
汁物からおかず、和菓子まで、幅広くマリアージュ可能！

和食には日本酒や焼酎、ビールを合わせがちですが、実は日本ワインもおすすめ。なぜなら、日本ワインは家庭で食べられる魚の煮付けや煮物など、和食全般にはよく合うから。甲州にはおでんやすまし汁などのだし系、マスカットベリーＡには肉じゃがなどの醤油系おかず、甘めのデラウェアにはあんこ入りの小麦饅頭が◎。

おすすめの日本ワイン＆マリアージュ

キャンベル・アーリー・ロゼ 2020（750ml）

「いちごや桃などの香り、ラズベリーのような酸味あり。味噌マヨネーズで味付けした鮭のホイル焼きとのマリアージュが最高」1,386円（税込）／都農ワイン https://tsunowine.shop/

島根わいん縁結シャルドネ 2019（750ml）

「青りんごのような甘酸っぱい香り。爽やかな酸味の後に甘味とほのかな苦味も。玉ねぎのかき揚げと味わうのが好き」2,200円（税込）／島根ワイナリー https://www.shimane-winery.jp/

マスカットベリーA いのしし 2019（720ml）

「ブルーベリーやブラックチェリーのような香りと深い甘味。豚のしょうが焼き、ソースをかけたとんかつなどに合います」1,980円（税込）／安心院 小さなワイン工房 https://hyakusho-ikki.wixsite.com/

Ministry of Agriculture,Forestry and Fisheries

日本ワインのトリセツ

004

「時間が経ったら揺らして香りを呼び起こすべし」

グラスをクルクル回せば OK。消えた香りが再び開きます

ワインはぶどう自身の香りや醸造過程で生まれる香りなどがあり、グラスの中で空気に触れさせることで、香りの変化を楽しめます。ただし、時間が経つと香りが弱くなるので、グラスを揺らし、香りを呼び起こしましょう。香り成分を呼び起こしながら、「香りが目を覚ましたね！」とつぶやけば、ソムリエ気分に。

Ministry of Agriculture, Forestry and Fisheries

日本ワインのトリセツ

005

「レストランでツウを気取るには『ロゼありますか?』の一言」

レストランではぜひ、ロゼの有無を聞いて。ロゼは肉にも魚にも合う万能ワインで、フランスでは白ワインよりも多く飲まれています。ただし、日本ではロゼを置くお店が多くなく、ロゼをオーダーすれば、お店側にワインツウであることをアピールできます。その様子を見た仲間にも「さすが!」と思ってもらえるかもしれません(笑)。

農水省職員 FILE #014

砂糖を食べてもダイエットは可能

髙橋諒さん
（秋田県出身／政策統括官付地域作物課所属）

2017年入省。大学受験の日に母が持たせてくれた、ひと口サイズのブドウ糖が砂糖への興味を抱いた始まり。消化吸収が早く、すぐエネルギーになるという性質に感心しながら学生生活を過ごしていたところ、縁あって入省後砂糖担当に。〝ダイエットの敵〟とネガティブイメージが強いけれど、備蓄に適し、被災地で必要とされるなど、砂糖の重要性や奥深さに魅了され、砂糖漬けの毎日を送る。

デスクの引き出しには甘いチョコを常備してます!

小ぶりサイズのたい焼きは、小皿にのせるとフォトジェニック(笑)。ブレイクタイムに甘いものはつきもの。これでパワー充電します。

“Quality of Sugar Life＝砂糖生活を豊かに”をモットーに日々仕事しているので、僕も常に数種類の砂糖を使い分けています。

砂糖愛レポート

「BUZZ MAFF」のありが糖3兄妹でお菓子の家作りをしました！　組み立てるのに苦戦……(笑)。

ネガティブイメージの砂糖の誤解を解きたい！

世界の一人あたりの砂糖消費量を比較すると、欧米に比べて日本は、約半分とかなり少ないんです。健康意識が高いこと、そしてダイエットブームもあり、日本人の消費量は年々減っています。ですが、実は砂糖自体のカロリーは特別高くないんです。最近よく聞く糖類ゼロの食品は、実は砂糖を含まないので、主に化学的に作られた人工甘味料で甘味を出しています。その甘さは砂糖の200～600倍！　私としては、せっかく甘いものを口にするなら糖をそこまで気にしすぎず、天然の砂糖の味を存分に味わってほしいです！

私が出会った達人

私の上司
金子宣正さん

金子班長は、僕を砂糖の世界へ誘った砂糖マニアの師匠です。デスクに黒糖を常備していて、離島ごとの味の違いも感じ分けられるところも尊敬しています！

Ministry of Agriculture,Forestry and Fisheries

砂糖のトリセツ

001

「固まった砂糖には少量の水を加えてサラサラに」

湿度変化が少ないキャビネットでの保存が最適

砂糖は固まることがあると思いますが、古さのせいではありません。砂糖は周りの水分を保持するという性質を持つので、湿度変化によって乾燥状態になると表面の水分が奪われ、砂糖の結晶同士がくっついてしまうのです。でも、少量の水を加えるとサラサラ状態に戻ります。固まったら、霧拭きで水を軽く吹きかけてみてください！

Ministry of Agriculture, Forestry and Fisheries

砂糖のトリセツ

002

「容量を守れば ヤセる邪魔をしない」

砂糖

砂糖は1gにつき約4kcal
“別腹”を控えれば上手に付き合える

カロリーが高いイメージのある砂糖ですが、米やパンと同様に炭水化物はすべて1g約4kcalで、砂糖だけ異常に高いわけではありません。1日の摂取カロリーの目安（成人で約2000kcal）の中で、バランスよく調整しながらスイーツを食べることが、上手に付き合うコツ。満腹なのに食べる“別腹”や過剰摂取に気をつければOK。

Ministry of Agriculture,Forestry and Fisheries

砂糖のトリセツ

003

「よく聞く“糖質”や“糖類”の違いをレクチャー」

糖質オフ
糖質ゼロ
糖類ゼロ
？

人工甘味料よりも砂糖本来の美味しさを

糖質は炭水化物から食物繊維を抜いたもので、エネルギー源になるもの。糖類は、糖質の中に含まれるもので、砂糖や果物に含まれるショ糖、果糖などです。糖質オフに明確な基準はなく、各メーカーで比較した既存食品より糖質が少なければ、「糖質○%オフ」と記載できます。糖質ゼロも糖類ゼロも、100gあたりの含有量が0.5g未満だと、「●●ゼロ」とパッケージに記載できます。しかしながら糖類ゼロでも、人工甘味料が含まれていることがあるので注意が必要です。そのことを念頭に置いて、スイーツ選びをしてみましょう。

砂糖にはこんな効果も!

甘いものでリラックス&幸福感を味わって

砂糖は、脳内物質のひとつであるセロトニン、通称・幸せホルモンの生成に貢献しています。セロトニンの生成には、肉類などに含まれるアミノ酸・トリプトファンが脳に必要。砂糖の働きによって、そのトリプトファンが脳にスムーズに届けられることで、セロトニンが生成され、リラックスした気持ちになるといわれています。甘いものの効果は、疲れたときのエネルギー補給、そしてリラックス感、幸せ感も得られること。適度な量と頻度に気をつければ、砂糖はそんなに悪い奴ではないのです。

SATO Column #001

意外と知られていない11種類の砂糖の使い分け方

砂糖は10種以上あり、それぞれ特徴があります。普段よく使う上白糖や三温糖以外の砂糖を知り、シーンに合わせて使い分ければ、ツウの仲間入り!

【 上白糖 】

一番ポピュラーな白砂糖。国内砂糖消費量の半分がこちら。製造工程で磨かれることで、白く透明に。

日本人好みのソフトな味わいで、何にでも合わせやすい。世界中で流通される上白糖は、ほぼ日本製なんです!

【 白ざら糖 】

ザラメとも呼ばれ、結晶の粒がグラニュー糖よりもさらに大きいのが特徴。和菓子職人がよく使うプロ仕様の砂糖。

砂糖に光沢があり、上質な甘さを持つので、高級和菓子に使われます。粒が大きく、食感が残るタイプ。

【 角砂糖 】

グラニュー糖を固めたもの。コーヒーや紅茶に使ったり、お菓子作りに。1個当たりの重量がわかるから便利。

角砂糖は1個約3.3gで、目安がわかりやすいのがいいところ。厳密に量らないといけないお菓子作りに!

【 和三盆 】

四国地方で穫れるさとうきびの一種・竹糖が原料。なめらかな舌触りで、品のある優しい甘さがあります。

干菓子などに使われる、プロ仕様の高級砂糖。自宅で使うなら、クッキーに練りこむのがおすすめ。

【 黒糖 】

さとうきびのしぼり汁をそのまま煮詰めたもの。濃厚な甘さで、風味も強く、ミネラルたっぷり!

独特の味わいで直接食べても、コーヒーなどに入れても美味しい。ブラウンシュガーも黒糖の仲間です。

【 三温糖 】

上白糖とほぼ変わらないものの、ミネラル成分が少し残っていることで茶色に。風味やコクが出るので煮物に。

私が一番好きな砂糖です（笑）。コクが出て、茶色く色づくので、見た目にも美味しく仕上がります。

【 グラニュー糖 】

上白糖に似ていますが、結晶が少し大きくサラサラした舌触り。お菓子作りや、ドリンクの甘味出しに最適。

クセのない甘味なので、紅茶やコーヒーに入れるなど、引き立て役に。焼き菓子に使うと、ほんのりいい焼き色に。

【 氷砂糖 】

ゆっくり時間をかけて結晶化したことで、氷のように見える砂糖。溶けるのに時間がかかるので、果実酒作りに。

ゆっくり溶けて果実に浸透するため、初心者にも扱いやすい！　梅酒作りに使うのももってこいです。

【 中ざら糖 】

白ざら糖と同じく、ザラメの一種。天然ミネラルを残して精製しているので、茶色く、独特の風味があります。

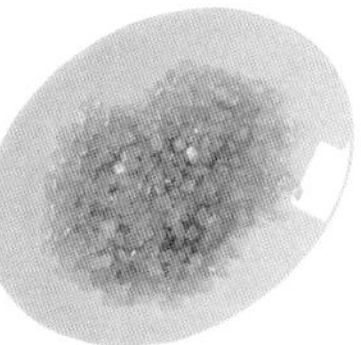

縁日の綿あめにも使われる中ざら糖。コクが出るので、じっくり煮込む料理や、佃煮にも最適です。

【 顆粒状糖 】

別名・フロストシュガー。グラニュー糖を粒状にして、乾燥、冷却したもの。固まりにくく、冷たいものにも溶けやすい!

プレーンヨーグルトに付属されている砂糖としても有名。泡立ちにも優れているので、お菓子作りに最適！

【 粉砂糖(粉糖) 】

グラニュー糖を粉砕して作る、粉雪のような繊細な粒の砂糖。お菓子の仕上げに、振りかけることが多め。

サラサラでふんわりとしているため、ケーキやクッキーの他、フルーツなどに振りかけて。華やかに見えます。

Ministry of Agriculture, Forestry and Fisheries

砂糖のトリセツ

004

「砂糖は心の支えになる」

砂糖

一粒のキャンディが人を元気にする!!

危機的状況なときにも 糖分でエネルギーチャージを

砂糖はブドウ糖と果糖でできています。「脳にはブドウ糖」といわれるほど、脳内のエネルギーとなるのがブドウ糖。仕事や勉強の合間や終わりに糖分を摂取すれば、一気に脳内に入ってパワー回復！運動直後の疲労回復や筋肉作りにも貢献します。災害時にも氷砂糖や黒砂糖をひと粒。だから砂糖はぜひ備蓄しておきましょう。

SATO Column #002

まだまだある！ 砂糖のすごいトコロ

**砂糖は「甘い」だけではなく、いろんな効果があります。
ここでは意外に知られていないメリットをピックアップしてご紹介します。**

肉を柔らかくしてくれる

砂糖を使った下味処理で柔らかさ倍増！

肉料理の下準備に、砂糖で肉をもみこんでおくと柔らかくなります。砂糖は水と結びつきやすい性質で、肉に含まれるタンパク質にくっつき、水分を引きつけます。タンパク質は熱を加えると固くなりやすいので、砂糖の下処理で、固く締まるのを防ぎます。カレーやシチューなどの煮込み料理で試して。

賞味期限がない

不純物がほぼないため品質が安定している証拠

賞味期限は美味しく食べられる期限として、商品パッケージに記載してあるもの。しかし、砂糖には賞味期限が記載されていません。その理由は製造工程で不純物を取り除き、品質がとても安定しているから。腐敗や劣化が極めて少なく、いつまでも美味しく食べられるのです。

お肌がしっとりする

砂糖の保湿力はスキンケアでも活躍

砂糖は水分を吸収することから、保湿力があるといわれています。この保湿力は、化粧品としても効果を発揮。「シュガースクラブ」などがまさにそうで、自宅の砂糖で手作りすることもできるのです。食べると太る、と美容の大敵のように思われていますが、実はお肌を潤わせる効果もあります。

甘さ以外にもお菓子作りに必要不可欠な理由がある

クリームの泡立ちの保持＆ケーキをふっくらさせる！

スイーツに欠かせないホイップクリームやメレンゲを作る際は、砂糖が水分を取り込むことで、きめ細かいふっくらとした泡立ちを保つ役割を持ちます。また、砂糖には、パン作りでは発酵を促進させる力や、スポンジケーキの気泡を安定させてふっくらさせる力があるといわれています。

番外編

鉄道×食＝人生のロマン

旅する鉄ヲタ厳選 子連れ旅おすすめプラン

食を愛する鉄ヲタがおすすめする旅は、ガイドブックに載っていない情報が満載。リアルに旅を楽しんだ思い出写真を交えてお届けします。

※状況により、プランやサービス、利用できる施設などに関し、変更や中止などの場合があります。

ナビゲーター

農水省職員 | FILE #015

鈴木健太さん

（東京都出身／政策課 食料安全保障室所属）

2004年入省。幼少時代から鉄道が大好きで、とりわけ、鉄道旅をこよなく愛す。仕事では世界農業遺産の担当でもあるため、駅弁をはじめ、「鉄道×食」を語り尽くすストーリーテラー。２児の父親となった現在の楽しみは、家族と鉄道で全国津々浦々に赴き、ご当地フードを味わうこと。独身時代の旅や出張も含めると、47都道府県全ての地を制覇済み！

その❶ 山梨県 特急列車 あずさ・かいじで行くぶどうを堪能する日帰り旅

午前

特急列車 あずさ・かいじで新宿駅 » 甲府駅へ

⇩

新宿駅から甲府駅には、特急列車あずさ・かいじで。https://www.jreast.co.jp/ ©JR 東日本

身延（みのぶ）線で甲府駅 » 善光寺駅へ

⇩

善光寺駅近くのぶどう園でぶどう狩り体験

⇩

善光寺駅から再び身延線で甲府駅へ

⇩

昼食は甲府駅周辺でほうとう＆鳥もつ煮を味わう

⇩

午後

リニアの見える丘でリニアを鑑賞

⇩

搾り立ての無添加ぶどうジュースを飲む

体験型の果物狩りは食育に絶好のチャンス

旬の時期にはぜひ、現地を訪れ、子どもにぶどう狩りを体験させたいもの。実物を前にどんなふうになっているか、どんな品種があるかを説明すると、興味津々に聞いてくれ、ぶどうはもとより、果物全般に興味を持ってくれます。

所有するピンバッジやチャーム、スタンプ帳。「スタンプは旅先で訪れた駅で押します。絵に名所や名産品がうまく表現されていますよ」

その❷ 熊本県

特急 あそぼーい！で熊本名物とカルデラを楽しむ1泊2日旅

1日目

懐かしい電車で熊本市内を観光

⇩

熊本電鉄といえば、“青ガエル”の愛称で知られた旧東急5000系など（運転終了）、かつて都市部で見かけた懐かしの車両が活躍。くまモン列車は子どものテンションアップ間違いなし。
https://www.kumamotodentetsu.co.jp/
© 熊本電鉄

昼食は名物の太平燕（たいぴーえん）を味わう

⇩

夕食は熊本駅周辺で馬肉料理に舌鼓を打つ

⇩

2日目

特急 あそぼーい！で熊本駅 » 阿蘇駅へ

キャラクター犬・くろちゃんが顔の特急 あそぼーい！。車両両端には前面展望のパノラマシートが。ちなみに白いくろちゃんシートは窓際が常に子ども席になる転換クロスシート。
https://www.jrkyushu.co.jp/
©JR 九州

木のボールプールの他、絵本コーナー、子ども用和室、カフェなどもあり！

⇩

阿蘇山周辺を観光

甲府駅前の武田信玄公銅像の前で、親子でパチリ。銅像を見ながら、歴史話も。

いろんな品種を味わえるのが◎。我が家は10種類のぶどうが狩れる農園へ。

東京-名古屋間で建設が進むリニア中央新幹線。実験走行で疾走する様子に大人も子どもも大盛り上がり！
https://linear-chuo-shinkansen.jr-central.co.jp/
©JR 東海

列車の中で熊本県の食や観光地を楽しむ！

最近は鉄道が「目的地に行く手段」ではなく、そのものを楽しむものとして充実してきています。特急 あそぼーい！は子どもが快適に過ごせるポイントが満載で、熊本県の特産物を使ったフードも充実。車窓からは、阿蘇の大絶景を見られます。

くろちゃん弁当（980円（税込））。4色ごはんには阿蘇産コシヒカリ、あか牛そぼろ、阿蘇高菜を使用。こどもぷりん、大人プリン（各330円（税込））は、阿蘇の地卵とジャージー牛乳を使い、優しい味わい。

番外編

その❸ 高知県

藁(わら)焼きのカツオたたき作りを体験！しまんトロッコで行く1泊2日旅

1日目

**しまんトロッコで
窪川駅 » 江川崎駅へ**

四万十川の風景に映える山吹色のボディがトレードマーク。乗車しながら、四万十川や広見川の風景を直に眺められます。地元特産物の車内販売などのお楽しみも。
https://www.jr-shikoku.co.jp/

日本最後の清流と言われる四万十川を見ながら走行。車内では記念看板を持って記念撮影を。

**江川崎駅近辺の
道の駅で買い物**

⇩

**鉄道ホビートレインで
江川崎駅 » 窪川駅へ**

⇩

初代新幹線０系車両を真似て、青×白の配色と団子鼻の先頭がレトロ可愛いデザイン。車内には鉄道模型を展示するショーケースが設置され、鉄道好きな子どもは飽きずに乗車できます。
https://www.jr-shikoku.co.jp/

2日目

**窪川駅からレンタカーで
高知市内へ移動**

⇩

**名物の藁焼きで楽しむ
カツオたたき作り体験**

⇩

桂浜をのんびり散歩

列車もご当地フードも“五感”で感じて

グリーンに輝く四万十川近くを走るしまんトロッコは窓がなく、風を感じられて最高に気持ちいい！また、藁焼きのカツオたたき体験は味はもちろん、パチパチと焼ける音や藁の香り、燃え上がる炎など、子どもは五感で楽しめます。

藁焼き体験ができる飲食店を訪ね、親子でチャレンジ。焼き立ては香ばしい藁の香りがして絶品でした！

その4

京都府

天橋立とご当地グルメを満喫！丹後くろまつ号で行く1泊2日旅

1日目

**特急列車 丹後の海で
京都駅 » 西舞鶴駅へ**

「海の京都」をテーマに京都-丹後間を走行。JR九州のななつ星などの列車デザインを手がけた水戸岡鋭治氏がリニューアルを担当。客室天井と壁は白樺、床はナラ、座席は楓と、木を使った和テイストに。
https://trains.willer.co.jp/
©WILLER TRAINS

**丹後くろまつ号で
西舞鶴駅 » 天橋立駅へ**

**丹後地方の海の幸で
至福の夕食タイム**

メニューは季節で変わるのも◎。このときは家族一同、絶品スイーツに大満足でした！

2日目

天橋立を観光

京都府宮津市の宮津湾と内海の阿蘇海を南北に隔てる、全長3.6㎞の湾口砂州。日本三景のひとつで、一見の価値あり！

**昼食は宮津スープカレー
焼きそばを堪能**

福知山城近辺を観光

丹後らしいフードを列車の中でも味わう

レストラン列車の丹後くろまつ号は、丹後の海と同じ工業デザイナーの水戸岡鋭治氏がデザイン。クラシカルな空間で、丹後産の果物を使った見た目も華やかなスイーツプレートなどを味わって。飲食店では丹後地方の海の幸も必食です！

西舞鶴駅》天橋立駅間では、『選べる丹後味わいコース』（4,500円（税込））が味わえます。沿線厳選の季節の食材を使用したくろまつバーガーが主役の軽食プレート、丹後の旬の果物が味わえるフレンチトーストなどのスイーツプレートから、お好きなほうを選択可。
https://travel.willer.co.jp/
©WILLER TRAINS

番外編

その5 宮城県・山形県

体験型フードで美味しいとこどり！ とれいゆ つばさで癒やされる1泊2日旅

仙台名物の笹かまも、手作り体験。形成は想像以上に難しいけれど、焼きたてを味わえるのは体験してこそ。

1日目
仙台駅周辺で笹かま作り体験
⇩
仙山線で仙台駅 » 山形駅
⇩
2日目
村山市内に移動し、じゅんさい採り
⇩
昼食は名物の肉そばを食べる
⇩
デザートにさくらんぼ狩り体験
⇩
とれいゆ つばさでさくらんぼ東根駅 » 福島駅へ

箱船に乗り、水中のじゅんさいを手摘み。子どもだけでなく、大人もワクワク必至！

旅先で名物を食べるのがマイルールなので、村山地方で有名なB級グルメ・冷たい肉そばを味わいました。

山形名物の代名詞・さくらんぼも、自分で採る体験型なら、格別の美味しさ。心ゆくまで頬張れて幸せ♪

車内を温泉街のように散策できる新しい新幹線。普通座席に加え、カバ材のテーブル＆畳座席もあり、リラックスできます。https://www.jreast.co.jp/

車窓を眺めながら楽しめる足湯が人気！ 湯上がりラウンジや山形の地酒などが買えるバーラウンジも。

大人も体験してこそ、子どもも楽しさ倍増

宮城県・山形県でも、子どもには単に食べさせるだけでなく、ご当地フードの製造や収穫の体験を。滅多に体験できない“じゅんさい”体験は大人も楽しめます。帰りはとれいゆ つばさの足湯で、歩き疲れた足を癒やせば、完璧！

旅する鉄ヲタ発

旅を盛り上げる駅弁10選

鉄道旅のお楽しみのひとつとして欠かせないのが駅弁。郷土料理や名産品を旅先で食べれば、気分が盛り上がること間違いなし！

鈴木's comment
開けた瞬間、柿の葉の香り!

奈良県 近鉄奈良駅
【 柿の葉寿司 】
奈良・吉野の名産である柿の葉寿司。厳選した国産米を使用。さば・さけ・あじ・たい各2個入り 1,166円（税込）／中谷本舗 https://izasashop.com/

鈴木's comment
山形新幹線開業で誕生した名品

山形県 米沢駅
【 牛肉どまん中 】
ふっくら炊き上げた山形県産米・どまんなかに、特製だれで味付けした牛そぼろ＆牛肉煮をON。1,250円（税込）／新杵屋 http://www.shinkineya.com/

鈴木's comment
贅沢にかにの身がぎっしり!

福井県 福井駅
【 越前かにめし 】
ズワイガニのメスの内臓を入れて炊き込んだごはんに、紅ズワイガニ＆ズワイガニの身を敷き詰めた逸品。1,300円(税込)／番匠本店 http://www.banjyo.jp/

鈴木's comment
郷土料理の天ぷら「がね」もIN！

鹿児島県 嘉例川駅
【百年の旅物語 かれい川】
椎茸とたけのこを炊き込んだごはんに、嘉例川の原木栽培の椎茸とたけのこの煮物などがのっています。1,200円(税込)／やまだ屋 https://yamadaya-bento.com/

鈴木's comment
味と色彩が調和!富山の名産品

富山県 富山駅
【ますのすし(一重)】
容器から地産にこだわり、氷見の孟宗竹の曲げわっぱを使った、誕生から110年のますの押しずし。1,500円（税込）／源 http://www.minamoto.co.jp

鈴木's comment
ふっくら食感のあなごが絶品!

広島県 宮島口駅
【 あなごめし 】
焼き立てのあなごと炊き立ての味飯を経木の折り箱に。冷めてなお美味しさが際立ちます。レギュラー 2,160円（税込）／うえの https://www.anagomeshi.com/

鈴木's comment
いかが柔らかく、深い味わい!

北海道 森駅
【 いかめし 】
生いかの胴に生米（うるち米＆もち米）を詰め、甘辛だれでじっくり炊き上げた元祖いかめし。780円（税込）／いかめし阿部商店 https://ikameshi.co.jp/

鈴木's comment
新鮮な地元のレタスが最高!

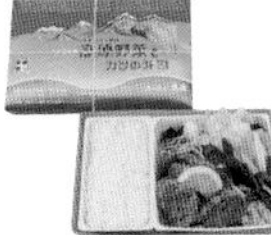

山梨県 小渕沢駅
【高原野菜とカツの弁当】
創業100年の老舗が製造。冷めても美味しいチキンカツ、駅弁の概念を覆すフレッシュな高原野菜入り。1,000円（税込）／丸政 http://www.genkikai.org/

鈴木's comment
益子焼の土釜で保温性もGOOD

群馬県 横川駅
【 峠の釜めし 】
発売60年以上のロングセラー。秘伝だしで炊いたコシヒカリに色彩豊かな9種類の具材をのせて。1,100円（税込）／荻野屋 https://www.oginoya.co.jp/

鈴木's comment
岡山のばら寿司を駅弁仕立てに

岡山県 岡山駅
【桃太郎の祭りずしプレミアム】
金色の桃型容器に岡山県産の朝日米で作った酢飯を詰め、彩り豊かなえびやいくらなどを盛り付け。1,380円(税込)／三好野本店 https://miyoshino.com/

番外編

深く知るほど楽しい！JASマークの世界

皆さん、JASマークを知っていますか？商品パッケージに付いているこのマーク、実は3種類あります。それぞれの意味を知ると、スーパーでの買い物がもっと充実します！

ナビゲーター

農水省職員｜FILE #016

清水勇人さん

（埼玉県出身／食料産業局食品製造課所属）

2014年入省。学生時代、飲食店でのアルバイトを機に食品の流通に興味を抱く。入省後は、食品の品質や作り方を保証するJASマークの担当に。食品の製造現場への訪問経験は数知れず。スーパーで買い物をするときは、JASマーク付きの商品をつい購入してしまう。「BUZZ MAFF」では、「突撃JASちゃんねる」のあにき役で出演中。

作り方を熟知したプロが厳しくチェックしたお墨付き印

ＪＡＳマークを見たことはあるけれど、それがどんな意味を持つマークなのかはわからない。そんな方も多くいらっしゃると思うので、このページをきっかけに少しでも知ってもらえたら嬉しいです。

まず、ＪＡＳとは日本農林規格の略。つまり、原料から製造加工過程、出荷に至るまでの厳しいチェックをクリアした、お墨付き印がＪＡＳマークなのです。具体的に説明すると、食品を製造し、販売する際に食品衛生法や食品表示法は必ず守らなければなりません。それを満たしたうえで、上乗せされる規格です。たとえば、一般的な醤油だったら、基本となる原材料は大豆、麦、米などの穀類。それらを蒸し、さらに麹菌を加え培養したもの（醤油麹）に食塩水を加えたもの（もろみ）を熟成させると、生揚げ醤油が出来上がります。そして、火を加えて醤油として出荷されます。この工程の中で大豆などの原材料の処理などがきちんと管理されているか、出荷される醤油がＪＡＳの品質に合格しているか、携わる製造担当の方たちが醤油製造に精通しているか、などを国が認めた組織がチェックします。ＪＡＳマークが付いている品は、このように細かく定められた規格をクリアしているので、品質が保証されていて安心感があります。ＪＡＳマークは、食品を選ぶ手段のひとつとして覚えておくといいでしょう。

スーパーで見かける率 NO.1 商品の品質を保証してくれる

農水省が定める信頼の証しであるJASマーク。市場に出回る商品の品質を揃えるために作られたもので、醤油などの調味料をはじめ、食用植物油脂、即席めん、ジャムなど、スーパーで売られている加工食品の多くに付いています。丸JASは品質が保証なので、食品選びの手助けになります。

「丸 JAS マーク」

有機的な作り方をしている食品に対して認証される

太陽と雲と植物をイメージした有機JASマーク。農薬や化学肥料に頼らないことを基本とした、環境に優しい農法で生産された農産物や畜産物、それらを原料として製造した加工食品に付けられます。有機JASマークのない食品に、「有機」や「オーガニック」の名称を付けることは、法律で禁じられています。

「オーガニック JAS」マーク

日本が作る食品のこだわりや高い付加価値をアピールする

通称・富士山JAS。国内外で「信頼の日本品質」をひと目でイメージできるよう、富士山と日の丸を組み合わせています。製造にこだわりを持つ熟成ハム類や、持続可能性に配慮した鶏卵・鶏肉など、SDGsへの貢献、またエシカル消費を意識した付加価値のあるものなどが対象になります。

「特色 JAS」マーク

JAS MARK Column

1

醤油は JAS 認証の 15 種から お好みでセレクトを！

醤油に付いている丸JASは、よく見かけるもののうちのひとつ。マークの見方を知れば、自分の好みの醤油を手に入れられます。

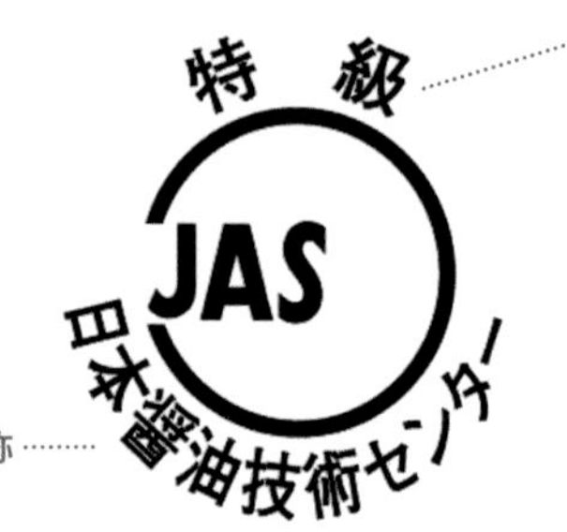

特級、上級、標準の3段階で等級を記載

旨味のもととなる成分がどれくらい入っているかなどによって、等級がつけられます。数値が高いほどグレードが上がり、特級がつきます。

登録認証機関の名称

こいくち	万能醤油。汁物、煮物、焼き物など、どんな料理にも合わせやすく、家庭人気ナンバーワン。
うすくち	関西生まれの色の淡いタイプ。色や香りを抑えているため、素材の色味を生かした料理に最適。
たまり	中部地方発祥。濃厚な旨味と少ない酸味、そして独特な香りが特徴。刺身や照り焼きなどに。
さいしこみ	通常は食塩水で仕込むが、生揚げ醤油で仕込む。香りや味が濃厚で、寿司や冷や奴などに。
しろ	愛知県発祥。琥珀色で味は淡白ながら甘味が強く、独特な香りがあり、茶わん蒸しにおすすめ。

上記の5種類を「特級」「上級」「標準」にランク付け

色度（色の濃淡）、全窒素分（旨味の指標となるアミノ酸の量）、無塩可溶性固形分（エキス分の指標）や製法などで、3段階にランク付けしたものが醤油の等級です。こいくちなら旨味が強いもの、しろなら逆に旨味がマイルドなものほど、特級になります。

15種類から選ぶ

各醤油の特徴を押さえると、どの料理に向いているかがわかります。
あわせて等級にも着目すると、よりこだわりのあるものが選べます。

2

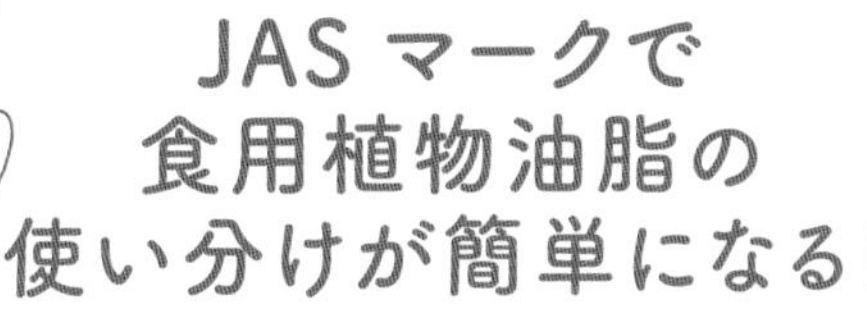

JAS マークで食用植物油脂の使い分けが簡単になる!

原料を活かすために精製度を抑えているごま油など、油は用途に応じて精製されています。マークで精製度がわかるので、選びのヒントに。

登録認証機関の名称

食用植物油脂の等級は精製度によって最大3段階に分かれる

食用ごま油は、ごま油、精製ごま油、ごまサラダ油という等級になります。精製度によって、味わいや用途が変わるのでチェックを！

ごま油は 3 種

精製度		
低	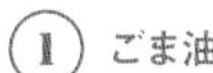 ① ごま油	精製度を抑えているので、いりごま自体の風味が残っています。冷や奴やナムル、中華料理などの香りづけにおすすめ。
↓	② 精製ごま油	ごま油を精製したもの。香りは抑えながら、ごまの旨味が感じられるので、ドレッシングやマリネに使うと美味しく味わえます。
高 	③ ごまサラダ油	精製度の高いもの。低温下においても濁ったり、固まることのないサラサラ感のある油。ごまの味や香りが少なく、クセがありません。

天ぷらにはサラダ油にごま油を加えて

天ぷらを作るときは精製度が高いごまサラダ油を使えば、素材の味が生きる！さらに、ごま油を少し加えると風味がよくなり、食欲をそそります。

農水省職員に
聞きました！

農水省職員200名のアンケートから判明！まだまだある「食」にまつわるイイ話

「食」のプロの私生活をのぞけば、得られるヒントがあるかもしれないということで、アンケートに協力いただきました。共感できるものから農水省職員ならではのコツまで、ぜひ参考にしてみてください。

Q あなたにとって「食」とは？

A

- 生きること
- 命の源
- 喜び

- コミュニケーションツール
- 心と体を満たすもの
- 優しい気持ちにしてくれるもの
- 一期一食
- 誰かと共感するもの
- 故郷の物語
- 人生を豊かにするもの

食は、生きることであり、命の源であり、喜び。「だから農林水産省に入省しました」という回答が大多数。職員さんおひとりずつのこの熱い思いが、日本の食を支えてくれていると思うとなんとも頼もしい限りです！

Q 農水省職員あるあるといえば？

A

- **食品表示**はくまなくチェックしてしまう
- 国産牛を買ったら、思わず**個体識別情報**を検索してしまう
- **フードロス**に敏感なので、残りものは必ずたいらげる
- 食べ過ぎた日は**「消費拡大に貢献した」**と言い訳する
- 同僚との会話は**美味しい調味料**の話題になりがち
- 仕事で知り得た**うんちく**を家族に自慢したがる
- 休日でも畑を目にしたら、**作物の育成調査**をしたがる
- スーパーでは**地元産の野菜**を応援したくなる
- 美食家だと思われて**幹事**を指名されがち
- 出張時は**美味い郷土料理**を事前リサーチしておく

プライベートまで食への興味が高い方がほとんど。「フードロス」、「消費拡大」、「地産地消」など、プロは目の付け所が違います。小さな意識改革の積み重ねが日本の「食」を守る手助けに繋がると思うと、マネしない手はないですね。

Q 実践されている食の知恵を教えてください！

A

- **玉ねぎ**はストッキングに入れ、風通しのいいところに吊るすと日持ちする
- **れんこん**は節でカットされたものを買うと日持ちする
- **白菜**は外側から使うより、内側から使ったほうが日持ちする
- **生椎茸**は冷凍すると一カ月は保存できる
- **葉付きの大根**はそのままにすると葉が栄養分を吸うので、買ったらすぐに葉を落とす
- **とうもろこし**や**枝豆**は時間が経つほど風味がなくなるので、買ったら即茹でて冷凍保存
- **コーヒー豆**は冷凍するとガスが減らないため、時間が経っても美味しさをキープできる

- **メロン**は模様が茎のそばまで入っているもののほうが甘い
- **りんご**を近くに置くと、他の野菜・果物の追熟を早められる
- **根菜**は米のとぎ汁で下茹でするとアクがとれて美味しくなる
- **酒粕**を水に溶いて、味噌汁や煮物に少し加えるとコクが出る
- **大根**を煮込むときはカットしていったん冷凍させると味がしみやすい
- **みかん**はヘタのほうからむくとワタがキレイに取れやすい
- **肉**を冷凍するときはラップの上からアルミホイルで包むと変色しづらい
- **卵かけごはん**は先に醤油をかけて混ぜたごはんに卵を落とすと美味しい
- 面倒な**桃**の皮むきは、熱湯から氷水に浸すとむきやすい
- **鶏肉**の仕込みにはヨーグルトやオリーブオイルを使うと柔らかくなる
- **青い（堅い）バナナ**は新聞紙に包んでおくと甘くなる

「食材」を日持ちさせる方法や保存テクニック、美味しくなるコツなど、得する知恵のオンパレード。どれもちょっとしたポイントを押さえるだけとお手軽なので、頭の片隅に入れておくだけで、いざというときに役立つこと間違いなし！

Q

健康のための「食」ルーティンは？

A

（**マインド編**）

・どんなに忙しくても**三度の飯**をきちんと食べる

・あれを食べなきゃではなく、**何を食べたいか**を大事にしている

・**ベジファースト**を心がけている

・**腹八分目**を常に意識している

・「**旬**」にこだわって食材を選ぶようにしている

・八百屋さん、魚屋さん、肉屋さんなどで必ず**おすすめ**を聞く

日々の忙しい生活の中で「とりあえず空腹が満たされればＯＫ」「今日は家族が不在で一人だから適当でＯＫ」こんな日もありますよね。ただ、そんなときこそ自分の体をいたわることが大切。かける時間ではなく意識を少し変えてみませんか？

（実践編）

- **一日一回ねばねば系**（納豆、おくら、めかぶ、モロヘイヤなど）を食べる
- **一日一回発酵食品**（キムチ、納豆など）を食べる
- **一日一回**野菜たっぷりの**具だくさん味噌汁**を食べる
- **一日二食以上は白米**を食べるようにしている
- **毎朝ヨーグルト＋α**（きな粉、ナッツ、ハチミツなど）を食べる
- **毎朝**手作りの**野菜スムージー**を飲んでいる
- **毎朝フルーツ**を食べるようにしている
- 朝食後に**梅干し入りの白湯**（さゆ）を飲む
- **タンパク質**（鶏胸肉など）を積極的に摂取している
- 弁当の際はフリーズドライのスープに**青汁粉末**を溶かして飲んでいる
- ビールを飲むときは**レモン果汁**を入れる

さすが農水省職員の皆さん、健康志向な方が大半でした。なかでも、納豆、キムチ、ヨーグルトなど発酵食品人気がずば抜けて高く、職場に持参する人もいるほど。美味しい食生活を送るためにも、健康な体作りが欠かせないということ。

Q 食卓のマンネリ打破に役立つ食べ方は？

A

・いつもの卵かけごはんは、かつお節の代わりに**鶏節**を使うだけで気分が変わる
・**スライスしょうが**＋**ポン酢**＋**ごま油**だけで、肉にも魚にもピッタリのつけだれ完成！
・**味噌クリーム**や**醤油クリームチーズ**など、和洋ミックスソースのパスタは家族ウケ◎
・刺身の特売日は多めに買って、**半分漬けにする**と翌日も喜んで食べてもらえる
・ワンパターン化した魚介料理は、**アヒージョ**にすることで一気に目新しくなる
・スーパーで**マグロの血合い**を見つけたら即買い。片栗粉で揚げるだけで激うまです！
・**シチューにラー油**を少量まわしかけると新鮮なアクセントになる
・チーズ入りなどの**トッピング餃子**を数種類作ると、飽きのこない作り置きおかずに
・味噌汁に入れる前のかぶや長ねぎは、一度**炙**（あぶ）**って調理**するだけで格段に美味しくなる
・アボカドや茹で卵は一晩**味噌に漬け込む**だけでお店の味になる

「食」のプロといえども、アレンジレシピで食卓をあれこれ工夫するというのは一般消費者と同じ。バラエティに富んだアイデアの中には作り置きに使えるテクニックも多いので、忙しい毎日の変化球テクニックとしてストックしましょう。

Q

クタクタな日に役立つ定番時短レシピといえば？

A

冷蔵後の余りもので鍋 or 丼

調理器具も皿も最小限で済ませたいということから鍋と丼がダントツ人気。白菜と鶏肉、チンゲン菜と厚揚げなど、同じ食材を使って初日は鍋、翌日は炒めて丼にするという声も。

豚バラ＋〇〇で電子レンジ料理

もやし、キャベツ、小松菜、豆苗……。豚バラ肉と相性のいい野菜は無限大です。加熱後、ポン酢をかけるだけのさっぱり派と、醤油とみりんで味付けするこってり派に二分。

鍋ひとつの和えるだけパスタ

パスタと具材を一緒に茹でて湯切りする方法が簡単。市販のソースがなくても、オリーブオイルとチューブニンニクと醤油を和えるだけで美味しいパスタに仕上がるそう。

冷凍ごはんを活用した5分飯

雑炊やリゾットという声もありましたが、チャーハン人気が圧倒的。サケフレークチャーハンのいくらトッピングなら、調理時間5分でも豪華に見える！というおまけ情報も。

缶詰・瓶詰アレンジ

甘辛味付けのサバ缶やサンマ缶、瓶詰なめ茸を使って炊き込みごはんを作る人多数。炊飯中にお風呂や洗濯などの家事を済ませることができるので、一石二鳥だそうです。

お金をかけずに絶品！金欠料理といえば？

・ナムル、チヂミ、スープと、大量もやしの三段活用
・絹ごし豆腐に豆乳をかけて温めるだけでプロ級湯豆腐
・常備している漬物と卵だけで作るチャーハン
・餅、チーズ、ケチャップをオーブンに入れてグラタン風
・キャベツたっぷり（キャベツのみ）のお好み焼き
・わさび丼（アツアツごはんにわさび、かつお節、醤油のみ）
・インスタントラーメンに、ごま油で炒めた白菜をどっさり投入
・卵かけごはんの醤油を焼肉のたれ、ねぎ塩だれなどに変えてみる
・ふりかけorお茶漬けのもとをかけるだけパスタ
・刺身のつまと片栗粉だけで作る大根餅

皆さん、オリジナルの節約レシピをお持ちのご様子。金欠レシピといえども、市販のものにひと手間加えるあたりがさすがプロ。これなら、お給料日前でも楽しく乗り切れます。

Q 死ぬ前にも食べたいと思えるほど好きな料理は?

A

- 白ごはん(おにぎり含む)
- 味噌汁(豚汁含む)
- 漬物
- 魚の煮付け

- カレーライス
- ハンバーグ
- 餃子
- チャーハン
- からあげ
- 親子丼

意外にもシンプル回答続出。旅館の朝ごはんが嫌いな日本人は皆無に近いという結果に。美味しいものを知り尽くした人こそ、究極のド定番料理を好むのかもしれません。

この本とあわせてCheck!

「BUZZ MAFF」人気チャンネルを解説!

職員がスキルや個性を活かし、農林水産物の良さなどを発信する動画チャンネル「BUZZ MAFF」。厳選して、見どころをご紹介します。

ナビゲーターはこの3人

白石優生さん
野田さんとのコンビで有名。お笑い大好き!

野田広宣さん
タガヤセキュウシュウに出演。愛称は野田さん。

松本純子さん
通称BUZZ MAFFの母。マネージャー的存在。

「#タガヤセキュウシュウ」

P62～にご登場!

九州の大地に育てられた鹿児島県出身の白石優生さん×福岡県出身の野田広宣さんが九州の農業を楽しく、本気でPR。「農水省から皆様へのお知らせ」と題した、花いっぱいプロジェクトの動画の再生数はなんと87万回以上を記録。

見どころ

松本 野田さんの人のよさが最高(笑)。
野田 芸人さん並みの白石くんの笑いの演出が見ものです。
白石 九州の若手農家さんたちの頑張りを見てほしい!

「#さつまいも大好きチャンネル」

P70～にご登場!

さつまいもを愛してやまない渡邊さゆりさんが個性豊かなゲストを迎え、さつまいもの魅力を発信。これを見たら、「いつものいもが違って見える!」、そんなきっかけになる動画作りを心がけています。さつまいもカラーの衣装も◎。

見どころ

松本 おすすめの品種が知れるところ。
野田 さつまいも関連の豪華ゲストの面々にも注目です。
白石 さつまいもの歴史など、勉強になる情報が満載!

「#日本茶チャンネル」

P98～にご登場!

日本茶をこよなく愛する御茶村さんこと、梅村崇さん。日本茶や茶道の魅力はもちろん、自身のモーニングルーティン、省内にある茶室に職員を招いて開いたお茶会の様子などを着物姿でお届けしています。女性ファンも多数!

見どころ

松本 御茶村さんがお茶を点てたときの凛とした空気感は必見ですよ～!
野田 美しい所作も。特にお辞儀が最高。
白石 イケメンなお顔も注目してみて。

P106 ～に
ご登場!

「＃わいん官僚ヒロキです。」

見どころ

松本 実はお酒に弱いヒロキさん(笑)。わかりやすいワインの解説は要チェック。
野田 犬の鳴き真似も面白いですよね！
白石 個人的には発泡酒の動画が好き。

日本ソムリエ協会認定ワインエキスパートや日本ワイン検定１級の資格を持ち、さらに獣医師でもある“わいん官僚・ヒロキ”こと、柳澤洋喜さん。日本ワインの魅力はもとより、発泡酒や動物ネタなどもご紹介しています。

「＃ありが糖３兄妹」

P112 ～に
ご登場!

髙橋諒さんを中心に３名の職員が“３兄妹”として登場。農水省が推進する砂糖の需要拡大運動「ありが糖運動」を広めるべく、利き砂糖対決をしたり、砂糖を使ったミニチュアシュガーや綿菓子作りなどを展開しています。

見どころ

松本 砂糖をたくさん摂取しているのにスリムな髙橋さんに注目！
野田 お子さんも喜ぶ砂糖レシピが充実です。
白石 女性職員が登場し、華があるところもポイントかな(笑)。

こちらも人気急上昇中！

「＃衣食住院正子の部屋」

官僚系絵師（名前非公開）が絵・声・音楽を一人でこなす科学アニメ。食べ物や花の役立つ知識、楽しい実験・自由研究・仰天歴史を解説しています。

デマや買い占めが起こる背景を説明した動画など、日常でのあれこれを解決するヒントや専門家の豆知識はお役立ち度満点。

「＃ TASOGARE」

TASOGARE(松岡慧さん)は食にまつわる情報を、食に1㎜も興味がない方に向けて料理して発信。ピーマン嫌いな自身がピーマンを刻んで忍ばせます！

大臣メッセージに方言でアフレコをつけた「大臣にアフレコしてみた。」など、お堅い広報を面白く・わかりやすく変換。

あなたの食生活がきっと、今日から変わります

農林水産省の職員の皆さんによる、「食材」のトリセツ、いかがでしたか？
思わず納得なものからマニアックなもの、目からウロコのものまで、
さまざまな情報を知っていただけたのではないかと思います。

そして、身近な米や肉、魚、野菜などに対して、「以前より輝いて見える！」
「なんだか愛おしくなった」、そんな思いが芽生えたのではないでしょうか？

なかにはスーパーでの食材選びが楽しくなって、
買い物時間が長くなった……なんていう方もいらっしゃるかもしれません。

これまで、食材を何気なく選んで、調理して食べていたというあなたも、

「最大限に美味しさを味わいたい」「健康や美容のために」
「生産者さんを応援したい」など、新たな思いが生まれたかもしれませんし、
まわりに「この話、知ってる？」と、
自慢気に話したくてウズウズしているかもしれませんね。

ズバリ、本書を通じ、人生が劇的に変わることはないでしょう。
でも、日々の食事タイムが以前よりちょっぴり美味しく、
さらには毎日がなんだか楽しくなる……、それだけはお約束できそうです！
だって、〝食〟に少しでも関心を持つことができたら、食材を選ぶこと、料理すること、
そして、食べることは確実に楽しくなり、ひいては人生が充実するから。

食べることは、生きること。

本書があなたの食卓に笑顔が増えるお手伝いができることを、願っています。

農林水産省職員直伝
「食材」のトリセツ

2021 年 4 月 8 日　第 1 刷発行
2021 年12月13日　第 5 刷発行

発行者	鉄尾周一
発行所	株式会社　マガジンハウス
	〒104-8003　東京都中央区銀座 3-13-10
	書籍編集部　☎ 03-3545-7030
	受注センター　☎ 049-275-1811
取材協力	農林水産省
ブックデザイン	加藤京子、川北薫乃子（Sidekick）
撮影	中島慶子（マガジンハウス）
イラスト	斉藤ヨーコ
取材・文	濱田恵理、弓削桃代
印刷・製本	大日本印刷株式会社

ISBN978-4-8387-3146-6 C0077

マガジンハウスのホームページ https://magazineworld.jp/